河海大学社科精品文库

人力资本产权视角下的国有商业银行公司治理研究

张 鑫 ◎ 著

河海大学出版社
HOHAI UNIVERSITY PRESS

内 容 提 要

商业银行的公司治理模式直接关系到商业银行改革的成败,也关系到与外资银行竞争中国有商业银行竞争能力的构建。本书从人力资本产权入手,以制度变迁和路径依赖为主线,运用系统论、协同学及场论的观点,提出国有商业银行公司治理的一般框架,分别从公司内部治理结构和公司外部治理机制的角度对国有商业银行公司治理结构、公司治理机制以及治理效果评价进行深入研究,以期为国有商业银行公司治理改革提供理论指导和借鉴。

图书在版编目(CIP)数据

人力资本产权视角下的国有商业银行公司治理研究/张鑫著. —南京:河海大学出版社,2015.3
 ISBN 978-7-5630-3869-5

Ⅰ. ①人… Ⅱ. ①张… Ⅲ. ①商业银行—银行管理—研究—中国 Ⅳ. ①F832.33

中国版本图书馆 CIP 数据核字(2015)第 011711 号

书　　名	人力资本产权视角下的国有商业银行公司治理研究
书　　号	ISBN 978-7-5630-3869-5
责任编辑	沈佳梅
装帧设计	徐娟娟
出版发行	河海大学出版社
地　　址	南京市西康路 1 号(邮编:210098)
电　　话	(025)83722833(营销部)
	(025)83737852(综合部)
经　　销	江苏省新华发行集团有限公司
排　　版	南京新翰博图文制作有限公司
印　　刷	虎彩印艺股份有限公司
开　　本	787 毫米×1092 毫米　1/16
印　　张	9
字　　数	200 千字
版　　次	2015 年 3 月第 1 版
印　　次	2015 年 3 月第 1 次印刷
定　　价	36.00 元

前　言

20世纪90年代的亚洲金融危机引发了商业银行治理结构问题的全球性关注，人们开始认识到完善金融机构公司治理的重要性，这直接导致了商业银行公司治理研究的兴起。随着中国金融市场对外开放进程的加快，商业银行特别是国有商业银行的改革成为我国经济和金融体制改革的攻坚领域，商业银行的公司治理模式将直接关系到商业银行改革的成败，也关系到商业银行与外资银行竞争中的能力构建问题。

银行业既是关系国计民生的行业，又是竞争性很强的行业。为了确保国内金融机构能够和外资机构进行竞争，需要在内部改革与外部开放之间寻求一个平衡点。这个平衡点既能平衡内部改革的进展情况，又能平衡来自外部竞争的冲击。健全有效的公司治理结构既是商业银行改革的核心内容，也是寻找内外平衡点的关键。这一切都表明，在金融业内部改革与外部开放的新形势下，国有商业银行公司治理问题的研究极为重要。

21世纪是知识经济的时代，作为其核心要素的人力资本正发挥着越来越大的作用。商业银行作为知识经济时代中具有高技术含量的特殊企业，其核心价值主要取决于经营者人力资本的价值创造。在这一背景下，国有商业银行经营者人力资本正由被动资本转变为主动资本，人力资本价值的提高引发产权归属要求以及人力资本治理结构的变迁，引入人力产权成为国有商业银行公司治理改革的迫切要求。从人力资本产权的视角多方位研究国有商业银行公司治理，使人力资本产权与国有商业银行公司治理二者达到最佳结合，在宏观上促进国家金融体制的深化改革，在中观上促进金融业产业结构的合理调整，在微观上促进国有商业银行自身能力的增强，对于提高国有商业银行核心能力具有重要的理论意义和现实意义。

本书力图以人力资本产权视角的创新为突破点，沿着制度变迁和路径依赖的发展轨迹，使国有商业银行公司治理理论的研究在现有框架内修正和发展。从人力资本产权的视角研究国有商业银行公司治理理论，从互动视角研究人力资本产权与公司治理的关系，从商业银行治理评价的视角研究国有商业银行公司治理结构与公司治理机制的整合与提升，从而实现研究视角方面的创新。在研究视角创新的基础上，引入场论及协同学原理对商业银行公司治理机理进行分析，建立基于人力资本产权化的公司治理结构，进行人力资本产权基础上的外部治理机制整合研究，并构建基于内外结合的治理机制评价指标体系，进而实现研究方法与理论应用的创新。

目 录

前 言

第一章 导 论 ·· 1
1.1 研究背景、目的和意义 ··· 1
1.1.1 研究背景 ··· 1
1.1.2 研究目的 ··· 2
1.1.3 研究意义 ··· 2
1.2 国内外关于公司治理研究现状综述 ·· 3
1.2.1 公司治理研究综述 ··· 3
1.2.2 人力资本产权研究综述 ··· 8
1.2.3 商业银行公司治理研究综述 ·· 11
1.3 研究视角与研究框架 ··· 15
1.3.1 研究视角 ·· 15
1.3.2 研究框架 ·· 15
1.4 研究方法与技术路线 ··· 16
1.4.1 研究方法 ·· 16
1.4.2 技术路线 ·· 17
1.5 创新之处 ·· 17

第二章 国有商业银行公司治理要素的关联机理 ······························ 19
2.1 国有商业银行治理演进 ·· 19
2.1.1 商业银行公司治理概述 ·· 19
2.1.2 国有商业银行公司治理演进与存在的问题 ····················· 21
2.2 国有商业银行特殊性的现状分析 ·· 23
2.2.1 银行业的特殊性 ··· 23
2.2.2 金融产品的特殊性 ·· 24
2.2.3 金融契约的特殊性 ·· 25
2.3 国有商业银行治理要素的机理分析 ······································· 26

2.3.1　协同学原理与治理要素的协同表征···26
　　2.3.2　场论原理与治理要素的场论推断···28
2.4　本章小结··31

第三章　国有商业银行产权配置与公司治理结构···32
3.1　国有商业银行所有权安排的制度分析···32
　　3.1.1　国有商业银行所有权安排···32
　　3.1.2　国有商业银行所有权安排的制度分析···35
3.2　国有商业银行产权与股权结构研究···37
　　3.2.1　商业银行产权与股权结构类型···38
　　3.2.2　我国国有商业银行产权与股权结构的现状分析·····························39
　　3.2.3　产权与股权结构发展启示···41
3.3　国有商业银行人力资本产权配置···42
　　3.3.1　人力资本产权的特性···42
　　3.3.2　国有商业银行企业家人力资本的产权配置现状·····························44
　　3.3.3　国有商业银行人力资本产权配置的优化···46
3.4　国有商业银行产权配置下的经营者行为模式选择·····································47
　　3.4.1　产权、控制权下的企业家行为模式选择···48
　　3.4.2　国有商业银行企业家行为模式选择的经济学分析·························50
3.5　本章小结··53

第四章　人力资本产权激励与国有商业银行公司治理·································54
4.1　人力资本产权激励··54
　　4.1.1　人力资本产权特性与公司治理···54
　　4.1.2　人力资本产权激励···55
4.2　国有商业银行人力资本产权激励与公司治理结构重构·····························57
　　4.2.1　国有商业银行利益相关者及权力···57
　　4.2.2　人力资本产权及激励对国有商业银行公司治理结构的影响·········59
　　4.2.3　引入人力资本产权的国有商业银行公司治理结构重构·················61
4.3　国有商业银行治理结构的微观设计与运行——经营者激励约束机制············65
　　4.3.1　国有商业银行经营者激励约束机制的设计原则·····························66
　　4.3.2　基本函数关系及假设···67
　　4.3.3　委托—代理的基本模型及最优解···68
　　4.3.4　商业银行经营者激励约束机制的构建···71
4.4　国有商业银行经营者人力资本产权实现···73
　　4.4.1　国有商业银行经营者报酬的决定因素···73
　　4.4.2　国有商业银行经营者的人力资本产权定价·····································75

  4.4.3 国有商业银行经营者人力资本产权的实现 ································ 78
 4.5 本章小结 ·· 79

第五章 人力资本产权与国有商业银行外部治理机制分析 ························ 80
 5.1 国有商业银行市场治理机制 ·· 80
  5.1.1 我国银行业市场结构分析 ·· 80
  5.1.2 银行业市场结构对国有商业银行公司治理的影响 ···················· 87
 5.2 国有商业银行监管机制 ·· 89
  5.2.1 国有商业银行监管及其对银行公司治理的影响 ························ 89
  5.2.2 引入银行监管思路的外部治理设计 ·· 93
 5.3 国有商业银行债权人相机治理机制 ·· 95
  5.3.1 国有商业银行债权人相机治理 ·· 95
  5.3.2 债权人相机治理与人力资本参与治理相结合 ···························· 99
 5.4 人力资本产权与国有商业银行外部治理机制整合 ························ 100
  5.4.1 人力资本产权下国有商业银行外部治理机制的整合 ·············· 100
  5.4.2 外部治理机制下的经营者人力资本产权完善 ·························· 101
  5.4.3 人力资本产权治理的外部化与外部治理机制的内生化 ·········· 103
 5.5 本章小结 ·· 104

第六章 基于人力资本产权的国有商业银行公司治理及评价的整合 ········ 105
 6.1 人力资本产权对国有商业银行公司治理及评价的整合 ················ 105
  6.1.1 经营者人力资本产权对国有商业银行公司治理评价的影响 ·· 105
  6.1.2 国有商业银行公司治理评价体系的整合与提升 ······················ 107
 6.2 商业银行公司治理评价指标体系 ·· 108
  6.2.1 商业银行治理路径选择 ·· 108
  6.2.2 商业银行公司治理评价的目标和原则 ···································· 109
  6.2.3 商业银行公司治理评价层面及指标选择 ································ 111
  6.2.4 商业银行公司治理评价指标体系设计 ···································· 116
  6.2.5 综合指标体系框架 ·· 119
 6.3 本章小结 ·· 122

第七章 结束语 ·· 123
 7.1 主要工作和结论 ·· 123
 7.2 研究展望 ·· 125

后 记 ·· 126

参考文献 ·· 127

第一章 导 论

1.1 研究背景、目的和意义

1.1.1 研究背景

我国金融业于2006年全面对外开放,金融市场在更大程度上融入全球金融体系之中,国有商业银行不仅面临着新兴股份制商业银行竞争的压力,还面临资本实力雄厚、公司治理健全、金融创新能力强、具有国际先进经验的外资金融机构的激烈竞争。2006年4月18日,中国银行业监督管理委员会以银监发〔2006〕22号文件印发《国有商业银行公司治理及相关监管指引》,其中特别指出,"国有商业银行应通过建立健全公司治理机制,提升核心竞争力,促进可持续健康发展。"我国银行业要在激烈的竞争中立于不败之地,必须对金融体制进行全面改革,推进国有商业银行治理的改革与发展,从而提高中资银行的核心竞争力。

商业银行相对于一般的企业而言具有更强的外部性,一家银行的倒闭可能引发"多米诺骨牌"效应,危及整个银行体系的安全。20世纪90年代的亚洲金融危机增加了人们对银行业的关注,引发了对商业银行治理结构问题的全球性关注,人们对完善金融机构公司治理重要性的认识直接导致了商业银行公司治理研究的兴起。随着我国金融市场对外开放进程的加快,商业银行特别是国有商业银行改革成为我国经济和金融体制改革的攻坚领域,商业银行的公司治理模式将直接关系到商业银行改革的成败及与外资银行竞争中的能力问题。中国银行和中国建设银行的股份制改造已迈出了我国国有商业银行公司治理结构优化的第一步,其他一些中资银行也已经通过进一步深化内部治理结构改革确立了自己的竞争优势。

银行业既是关系国计民生的行业,又是竞争性很强的行业。为了确保国内金融机构能够和外资金融机构进行竞争,需要在外部开放与内部改革之间取得平衡,这就必须要找到一个平衡点,既能平衡内部改革的进展情况,又能平衡来自外部的冲击。根据发达国家的经验,银行能否建立现代金融企业制度的关键取决于它是否建立了有效的公司治理结构。健全有效的公司治理结构是商业银行改革的核心内容,也是寻找内外平衡点的关键。这一切都表明,在金融业内部改革与外部开放的新形势下,我国商业银行公司治理问题的研究极为重要。

21世纪是知识经济的时代,知识作为一种资本已经登上历史舞台,其核心要素——人力资本正发挥越来越大的作用。商业银行作为知识经济时代中具有高技术含量的特殊企业,其核心价值主要取决于经营者人力资本的价值创造,经营者人力资本作用的发挥直接决定着商业银行核心能力的建设甚至商业银行经营的成败。这一背景下的国有商业银行经营者人力资本也正由被动资本转变为主动资本,人力资本价值的提高引发产权归属要求及人力资本治理结构的变迁。适应这一现实需要,转型期如何深化国有商业银行治理改革,如何充分发挥人力资本的重要作用,实现人力资本产权与国有商业银行的最佳结合,引入人力资本产权概念成为国有商业银行公司治理改革的迫切要求。

1.1.2 研究目的

在现代企业制度中,只有以拥有知识的人力资本的激励和约束为中心,对企业产权结构、治理结构和企业文化进行变革,使处于代理地位的经营者转变为持有公司股权的知识资本所有者,才能从根本上解决现阶段银行治理中的治理结构、治理机制、治理评价等方面的问题。本书的研究目的不是局限在公司治理的框架内研究公司治理结构,而是针对国有商业银行公司治理的发展路径与现实要求,从人力资本产权的视角多方位研究国有商业银行公司治理,具体包括:在知识经济时代背景下,针对国有商业银行的特殊性,基于人力资本产权的内部权利和利益的重新分配研究;以产权配置和人力资本产权激励为基础的国有商业银行公司治理结构重构和激励约束机制的构建;人力资本产权视角下的外部治理机制融合研究;内部治理与外部治理相结合的治理评价研究及银行治理的整体提升。

本研究力求实现理论层面上的突破及实践层面中的进展,最终在宏观上促进国家金融体制的深化改革,在中观上促进金融业产业结构的合理调整,在微观上促进国有商业银行自身能力的增强,从而实现国有商业银行的可持续发展。

1.1.3 研究意义

在金融全球化的背景下,立足于国际竞争的高度,从产权特别是人力资本产权的角度培育核心能力,尽快建立与市场经济发展和改革开放要求相适应的现代商业银行公司治理模式,对于加快国有商业银行公司治理改革的步伐,完善金融市场体系具有重要意义。

(1) 理论意义

公司治理作为现代企业理论的重要组成部分,涵盖了企业制度、公司管理和政府规制等研究领域,跨越管理学、经济学、金融学等多个学科,是一个由主体和客体、边界和范围、结构和机制等诸多因素构成的体系。以人力资本产权化为切入点,结合博弈论和协同学模型,提出公司治理场的空间概念,在此基础上对商业银行的治理绩效进行分析,力图通过公司治理结构优化来增强商业银行的核心能力。本书的研究有利于丰富我国公司金融理论及人力资本理论,推动管理学理论的深入发展。

(2) 现实意义

国有商业银行公司治理研究所要解决的问题来自于纷繁复杂的银行实践,它的研究成果要应用到国有商业银行的改革中,接受实践的检验并逐步完善,最后形成指导实践的一般原则。本书从股权配置、人力资本产权激励的角度提出国有商业银行公司治理结构的重构和公司治理机制的重建,并从实践层面提出国有商业银行外部治理机制的整合,在公司内部治理和外部治理综合研究的基础上构建具有很强的可操作性的商业银行公司治理评价体系。这些研究有助于建立科学的、高效的以及适合我国国情的银行治理新模式,有助于国有商业银行适应全球化竞争的趋势,全面提高自身竞争力,具有重要的实践意义。

1.2 国内外关于公司治理研究现状综述

国外学者对商业银行公司治理进行了理论方面的初步研究,国内学者关于此方面的研究目前尚未提高到开发模式层面的高度上来。并且当前的研究仅限于理论的初步探索,没有和商业银行的实践有效地结合起来,人力资本产权化也没有在公司治理模式中得到有效体现。但是,在公司治理、人力资本产权、商业银行公司治理等基础理论方面已进行了大量的研究。

1.2.1 公司治理研究综述

公司治理是一个多角度多层次的概念,国内外经济学界对此有不同的理解。从公司治理这一问题的产生与发展来看,公司治理可以从狭义和广义两方面去理解[1-3]。狭义上讲,公司治理是指所有者,主要是股东对经营者的一种监督与制衡机制,是有关公司董事会的功能、结构、股东的权力等方面的制度安排[4-6]。广义的公司治理则不局限于股东对经营者的制衡,而是涉及到广泛的利害相关者,是有关公司控制权和剩余索取权分配的一整套法律、文化等方面的制度性安排[7-8]。

传统的公司治理理论萌芽可以追溯到亚当·斯密(Adam Smith,1776)在《国富论》中提到的思想,"在钱财的处理上,股份公司的董事是为他人尽力,而私营合伙公司的合伙人则纯为自己打算。所以要想股份公司的董事们监视钱财的用途,像私人合伙公司的合伙人那样用意周到,那是很难做到的……于是,疏忽和奢侈浪费,常为股份公司业务经营上带来多少难免的弊端"[9]。可见在当时,两权分离的现象已经出现,亚当·斯密就已经意识到了公司治理问题的存在。西方经济学界最早关于公司治理问题的学术研究是由伯勒和米恩斯(Berle and Means,1932)在其《现代公司与私有财产》一书中做出的,他们认为"没有股权的公司经理与分散的小股东之间的利益是潜在冲突的",他们把企业家人力资本产权与企业物质资本所有权的分离理解为所有权与控制权的分离,在对大量实证材料分析的基础上第一次明确提出了"所有权与控制权分离"的观点[10]。股东与代理人之间的关系使大多数的经济学家相信:公司治理应该更关注于保护股东的利益。20世纪60年代,美国斯坦福大学的一个研究小组正式提出利益相关者概念,认为一些利益团体是公司生存的基础。20世纪80年代斯蒂格利茨等进一步提出"多重代理理论",即"利益相关者理论"。该理论认为:企业的目标函数不只是股东利益的最大化,还包括所有"利益相关者"利益的实现,"利益相关者"同样应该分享企业的剩余索取权和剩余控制权[11]。当代公司治理研究的全面兴起开始于詹森和梅克林(Jensen and Meckling,1976),他们通过论证公司经理人员与股票所有权之间的关系得出"在股权分散的情况下,公司出资人和经营者之间的利益冲突"[12],从而得出了相应的委托—代理问题的基本结论。他们用代理理论对现代公司进行研究,建立了外部股权代理成本的正式模型,用完全合同方法对通过所有权或现金流量权配置解决公司治理问题的研究成为此后直至20世纪90年代初期关于公司治理研究的主流范式。20世纪90年代以后,机构投资者不断壮大。这些机构投资者在开展海外投资时非常注重对投资的保护,强烈要求相关企业完善公司治理结构,从而极大地推动了公司治理问题的深入研究[13-15]。

沿着这一历史发展脉络,国内外学者从企业理论、所有权的安排、外部竞争机制等方面对公司治理进行了深入研究。

(1) 企业理论与公司治理

委托—代理理论是公司治理研究的核心问题;交易费用理论指导公司治理的合约安排;产权理论指导公司治理的内部安排;人力资本产权理论则从整体上推进公司治理的深化与发展。委托—代理理论、交易费用理论、产权理论、人力资本产权理论等企业理论是公司治理研究的基础,从整体上指导公司治理理论并从实践上推进公司治理的发展。

① 委托—代理理论

现代公司的根本特征就是所有权和控制权的分离。委托—代理理论所分析研究的核心问题是如何使具有自身独立利益的代理人(控制权的实际拥有者)来维护委托人(所有权的拥有者)利益的问题,而这正是公司治理结构所要解决的核心问题。泰勒尔(Tirole,1993)认为其中的关键在于怎样解决所有者与控制公司资源的经理人员之间的利益协调问题,也就是怎样通过合约的订立来配置决策权和协调经理人员的动机并使经理人员能够将超额现金流返还给投资者,而不是将其投资于收益低于资本成本的项目[16]。李维安(2009)认为公司治理是一种制度安排,通过一套包括正式或非正式的、内部或外部的制度或机制来协调公司与所有利益相关者之间的利益关系,以保证公司决策的科学化[17]。委托—代理问题的存在使得对经理人员进行制衡是非常必要的,公司治理的主要内容也是关于这种制衡机制的设计。

② 交易费用理论

1937年,科斯在其《企业的性质》一文中开创了交易费用理论研究的先河。交易成本经济学关注的是,公司内部之间以及公司内部与外部之间的联系能否使交易成本最小化。

威廉姆森(Williamson,1991)提出交易最重要的维度是与合约有密切关系的资产专用性,具有高度专用性的资产不容易被重新调换,比如专用性的生产设备、具有高度专业化知识的专业人员等[18]。对于专用性较强的资产,要素市场对其目前和未来价值的定价能力较弱,所以增加了交易成本。对于公司治理而言,外部债权人与公司通常有一个公允的合约安排。在相对确定的环境之下,董事会和经理人员对于专用性较强资产的未来价值,具有相对完全的信息,信息不对称导致的交易成本的存在增加了在动态环境中加强公司治理的重要性。

③ 产权理论

当交易费用理论把重点放在市场与企业(纵向一体化)的选择研究时,德姆塞茨和阿尔钦(1972)却深入研究了产权问题,探讨了有关企业内部结构(横向一体化)的问题,他们发表的《生产、信息费用与经济组织》一文,提出了企业的实质是团队生产。德姆塞茨和阿尔钦从激励监督角度研究了人力资本与企业所有权问题,并且提出"监督者"和"监督监督者"的思想,即可以对监督者进行不偷懒的利益激励,从而使团队的生产效率提高,要素报酬和监督者剩余也就越多。德姆塞茨和阿尔钦的企业理论已经认识到企业内部人力资本激励有其产权安排对企业绩效的影响,并且进一步提出了将剩余索取权和控制权相匹配来提高企业效率的观点,为企业内部治理结构(权力制衡机构)的设立开创了公司治理理论内部产权安排的先河[19]。

④ 人力资本产权理论

企业理论研究了人力资本的团队性和可抵押性对公司治理内部产权安排产生的影响。继德姆塞茨和阿尔钦(1972)的团队生产理论之后,威廉姆森(1979)研究了人力资本的专用性,即工作中有些人才具有某种专门技术、工作技巧或拥有某些特定信息[20]。人力资本专用性源于劳动分工,不同的劳动者从事不同的工作,必然形成以该行业或企业的技术、信息为基础的专用性人力资本,并且劳动分工越深化,人力资本的专用性将越强。专用性的人力资本和非人力资本是企业准租金的源泉。人力资本的专用性增强了人力资本所有者的谈判力,从而影响企业所有权安排和企业治理结构。加护野忠男和小林孝雄(1995)研究了人力资本的抵押性质,他们认为:从业员之所以与企业结成命运共同体的原因是由于他们在企业中具有"人质"特征,即从业员进入企业就做出了"资源抵押"[21]。一方面,他们以隐形出资方式押出其人力资源,工人总有一段时间处于多劳动低支付状态,其中未支付的部分留存在企业利润中,并逐渐积累起来,一旦从业人员退出企业,将面临重大损失;另一方面,工人在工作之余不索取任何报酬地学习钻研业务技术,由此形成了企业的特异能力,但这种特异能力无法在企业外部得到充分评价,是一种难以进入市场交易的资源押出,从业人员离开企业会给本人或企业带来损失。因此,资源抵押形成了从业人员与企业的命运共同体,并应该取得企业的实际所有权。人力资本产权与企业绩效之间具有一定的相关关系,企业绩效与反映人力资本产权的所有变量呈显著正相关,通过对人力资本产权的变量进行控制,可以调动劳动者的积极性,提高企业绩效[22]。

(2) 所有权的安排

20世纪80年代中期以前,"谁是企业的所有者"是不言而喻的:股东主权至上和私人财产神圣不可侵犯是市场经济的黄金定律。20世纪80年代中期以后,不同学派的企业理论、公司治理理论[23-24],特别是利益相关者共同治理理论的发展对这一问题给出了截然不同的答案[25-26],同时也为不同的内部产权安排模式提供了不同的理论支撑[27-28]。

① 股东拥有企业的所有权

持这一观点的学者认为股东是企业所有权的拥有者,是典型的"股东至上理论"。自伯勒和米恩斯开创性地提出了"所有权与控制权分离"的观点之后,如何保护股东的利益便成为公司治理的焦点。有学者认为公司治理要解决的主要问题是公司的出资人如何从他们的投资中得到回报。股东是企业的所有者,企业的财产是由他们所投入的实物资本形成的,他们承担了企业的剩余风险,那么理所当然地也就应该享有企业的剩余控制权和剩余索取权[29-30]。由于每个人的经营能力属于私人信息,在发挥作用之前量化和显示是非常困难的,或量化成本非常高,从而导致没有资产或资产人力资本所有者由于缺乏相应的信号显示手段而处于劣势,很难拥有企业的真正控制权[31]。股东拥有公司,公司就必须按照股东的利益进行管理。企业倘若不是追求股东利益最大化,就会产生灾难性的道德风险[32]。股东拥有企业的所有权是股东至上主义理论的反映。股东至上主义理论提出的一系列改革公司治理结构的措施,其政策着眼点都在于试图促使经理人员对股东的利益更负有责任,公司治理的最终成果能在最大程度上对股东利益实现最有效的保护。

② 利益相关者拥有企业的所有权

"利益相关者理论"[33-34]认为企业并非是属于股东们的实物资产的集合体,股东至多只是拥有企业的部分,而不是全部。Jensen 和 Meckling（1976）, Birchand Bill(1995), Moon 和 Otley(1997)的研究表明,与其说公司是股东的,还不如说公司是利益相关者的,因为这样更符合现实。企业在其经营决策和治理架构中必须要考虑利益相关者的利益,并给予他们相应的控制权和剩余索取权,否则他们就会威胁撤出其投资,从而影响企业的生存和发展[35-36]。利益相关者理论研究者更倾向于"把企业看作是一个不断演化的利益集合体"[37]。20世纪90年代以后,人们逐渐认识到,"主流的企业理论远没有揭示企业的奥秘"[37],而利益相关者理论认为企业的各个利益相关者真正拥有企业的控制权,该理论被经济学家和管理学家认为是"帮助我们认识和理解现实企业"[38]的工具。企业的所有权归属利益相关者的公司治理制度也成为了20世纪90年代中后期企业理论和公司治理理论研究的热点。现阶段,将利益相关者纳入到公司治理的结构被更广泛地接受,但是关注利益相关者的利益应该是公司正常运转的一个有效手段,而不应该是公司存在的目的[39]。利益相关者对公司治理是十分有必要的,但并不是所有的利益相关者参与能够使公司治理效率最大化,而是取决于多种因素综合作用的结果。

③ 企业的所有权是一种状态依存所有权

让股东拥有企业的所有权还是利益相关者真正拥有企业的所有权成为公司治理的焦点问题。事实上,公司参与者能够分享多大的所有权,取决于其谈判能力,也就是说所有权的分配取决于各方的博弈,不可能完全通过静态分配来完成。从参与各方的博弈行为来分析,所有权的分配则表现出状态依存①的特征[31,40-41]:如果公司处于 $X>W+V+\pi$ 状态,经营者拥有所有权;如果公司处于 $X>W+V$ 状态,由股东来拥有企业的剩余索取权和剩余控制权是企业所有权的最优安排;如果公司处于 $W<X<W+V$,债权人是企业风险的真正承担者,由债权人来拥有企业的剩余索取权和控制权是企业所有权的最优安排;如果公司处于 $X<W$ 的状态,雇员成了企业风险的真正承担者,理应由雇员来拥有企业的剩余索取权和控制权。

从所有权安排来看,股东拥有企业的所有权已经难以解释分享制度的兴起和发展,利益相关者拥有企业的所有权目前还只是停留在理论层面上而难以应用于实践中。从本质上来讲,企业所有权是一种状态依存所有权,因此控制权的归属也就不应该是绝对的。状态依存性所有权更能体现控制权对公司参与者的激励,这种安排使得企业各成员行为的外部性最小化,充分激励利益相关者为大家的共同利益而共同奋斗,从而达到企业效率最大化,最终实现各方的效用最大化。

(3) 外部竞争机制

① 超产权论

超产权论是在传统的产权论基础上产生和发展起来的。传统的产权论认为,基于产权基础上的剩余索取权与控制权的匹配状况,直接影响到企业治理机制的优劣,因此,产权归属是决定企业经营绩效的根本性因素[42]。这种观点受到了超产权论的质疑和挑战。1997年,英国经济学家马丁和帕克(Martin & Parker,1997)在对英国各类企业私有化后的经营绩效做了广泛的比较后发现:在竞争比较充分的市场上,企业私有化后的平均效益有显著提高;在垄断市场上,企业私有化后的平均效益并无明显改善。他们认为企业经营绩效与产权的归属变化没有必然联系,而与市场竞争程度有关,市场竞争越激烈,企业提高效率的努力程度就越高[43]。同一时期,澳大利亚经济学教授泰腾郎(Tittenbrun,1996)分析了85篇有关产权与效益的经济学文献后也发现:企业效益主要与市场结构有关即与市场竞争程度有关[44],这些综合研究支持了马丁和帕克的超产权理论。超产权理论从市场结构的角度考察了竞争对公司治理的影响。超产权论提出:企业改善自身治理机制的基本动力是竞争,而变动产权只是改变机制的一种手段。超产权理论一方面要求公司商业化运作,加强市场化与竞争程度;另一方面,要求营造一个充分竞争的市场,增强市场的透明度,加大监管力度,使市场运作规范化,从而降低不必要的人为因素的干扰。

② 市场控制机制

林毅夫认为,公司治理结构中最基本的成分是通过竞争的市场所实现的间接控制或外部治理[7]。与一个充分竞争的市场机制相比,公司的直接控制或内部治理结构只是派生的制度安排,其目的是借助于各种可供利用的制度安排和组织形态,以最大限度地减少信息不对称的可能性,保护所有者利益。国有商业银行上市改造的主要目的是促进治理

---

① 设 x 为企业的总收益($0<x<X$,其中 X 是企业最大可能的总收益)。W 为应支付工人的合同工资,V 为应支付债权人的合同收入,π 为应支付股东的最低预期收益。

结构的根本性改变,并提高其经营管理体制的市场兼容能力[45]。20世纪60年代,经济学家罗宾·迈瑞斯(Robin Marris,1964)和法学家汉瑞·迈尼(Henry Manne,1965)研究认为:公众公司不会从利润最大化目标上偏离太远,因为市场力量将阻止经理以使用公共资源的方式偏离股东的利益[46-47]。法码(Fama,1980)认为:如果一个企业被看成一组合约,那么企业的所有制就无所谓了,完善的经理市场可以自动约束经理行为,并解决由所有权和控制权的分离而产生的激励问题[48]。詹森和鲁巴克(Jensen and Ruback,1983)强调市场对公司的控制作用[28]。马丁和麦康奈尔(Martin and Mcconnell,1991)发现,接管市场的存在将限制公司总经理忽视利润和所有者回报的行为,从而会约束总经理的行为。充分竞争的市场环境会自动带来公司的有效治理,与所有制关系不大[49]。

总之,国内外对于公司治理的研究分别从企业理论、所有权的安排、外部竞争机制等方面进行了深入研究,这是对公司治理广义概念的研究,既强调了内容的权力制衡,又强调了外部的市场约束,为公司治理结构、公司治理机制的深入研究提供了理论借鉴。

1.2.2 人力资本产权研究综述

(1) 人力资本理论

人力资本理论从人力资本外部性和价值角度论证了建立人力资本产权制度的必要性。关于人力资本的外部性,从人力资本理论的奠基者舒尔茨、贝克尔到新经济增长理论的代表罗默、卢卡斯等,都对其进行了论述。

① 宏观研究理论

在人力资本领域,宏观的分析研究主要由舒尔茨(1961)进行,他认为,人力资本是社会进步的决定因素,但人力资本的获得是有一定代价的。只有通过一定的投资方式,具有一定知识和技能的人力资源才是一切生产资源中最重要的资源。此外,舒尔茨提出:人力资本的收益者是一个扩散的序列,这个受益者序列除了投资者本人外,"作为邻居和纳税人的其他家庭都将得到某些收益","还有一些与雇佣相联系的收益,它们归属于在一起工作的工人和雇主"。他通过研究人力资本、生育和经济增长三者之间的经济价值关系,根据资本的时间贴现率理论,建立了内生的人力资本——经济增长理论[50]。明塞尔(1957)通过对美国个人收入差别与受教育水平之间存在的关系研究表明:人的后天质量差别缩小的根本原因是人们受教育水平的普遍提高,是人力资本投资的结果[51]。美国经济学家丹尼森(1962)在人力资本领域进行了更为具体的实证分析,对舒尔茨有关教育对美国经济增长的贡献率作了修正,把经济增长的余数分解为规模效用、资源配置和组织管理改善、知识应用上的推迟效应、资本和劳动力质量本身的提高等,并进行了相应的实证分析。微观研究理论在人力资本领域进行的微观分析是由美国经济学家加里·贝克尔完成的。个人投资于人力资本究竟有多大的收益回报的问题,是人力资本微观研究主要关注的问题。沃尔什从个人收益角度测算了人力资本投资收益率。贝克尔(1964)在此基础上加以改进、完善,从而形成了现在被广泛应用于测算人力资本投资收益率的方法,并从家庭生产和个人资源(特别是时间)分配角度系统地阐述了人力资本与个人分配的关系[52]。叶正茂(2007)则将人力资本区分为个体人力资本和组织人力资本,并认为企业中个体人力资本所有者拥有组织人力资本的最终所有权[53]。

② 新经济增长理论

新经济增长理论是建立在人力资本的"外部效应"基础之上的,即经济的持续增长源于人力资本的外部效应。罗默(1986,1990)提出了知识推动模型,认为:知识和人力资本是经济增长的决定性因素,知识生产的基础是人力资本的投入和原有知识的累积,知识累积量与用于生产知识的人力资本的边际生产率成正比。知识可分解为一般知识和专业知识,前者可以产生规模经济,后者可以产生自身的收益递增并导致其他生产要素的递增收益,这就是知识的"外溢效应"。因此,知识的生产具有私人收益(出售专利权获益)和由正外部效应形成的社会收益。罗默的贡献在于直接把技术内生化,而卢卡斯的贡献则是把原来外生的技术进步因素转变为人力资本来研究,即把人力资本内生化。卢卡斯(1988)认为:经济发展取决于整个社会平均的人力资本水平,人力资本的增长率与人力资本生产过程的投入产出率以及私人和社会平均的人力资本在最终产品生产中的边际产出率均是正相关,与时间贴现率呈负相关。卢卡斯首次明确提出了人力资本的"内在效应"和"外在效应"。

(2) 人力资本产权理论

① 人力资本产权的概念

人力资本产权是伴随着人力资源在知识经济中发挥越来越重要的作用而以人力资本概念和产权概念提出来的,由于人力资本概念和产权概念的多样性,目前已有的文献对人力资本产权的概念界定也是见仁见智,各有侧重,归纳起来主要有:静态地看,从人力资本所有权的角度出发,"所谓人力资本产权就是人力资本的所有关系、占有关系、支配关系、利得关系及处置关系,即存在于人体之内,具有经济价值的知识、技能乃至健康水平等的所有权"[54];动态地看,从人力资本收益权和控制权出发,企业人力资本产权应作为企业整体权益的一部分,是企业人力资本所有者享有的部分企业所有权(控制权和剩余收益权的合称),即人力资本产权是人力资本所有者所拥有的企业控制权和剩余索取权。周其仁(1996)和方竹兰(1997)先后探讨了人力资本与企业所有权安排的关系,从企业所有权角度来探讨人力资本产权[55-56];从广义产权内涵的视角来看,人力资本产权是市场交易过程中人力资本所有权及其派生的使用权、支配权和收益权等一系列权利的总称,是制约人们行使这些权利的规则,本质上是人们社会经济关系的反映[57];从人力资本所有者享有企业所有权的必要性、合理性来看,人力资本产权是一种责任、权利与利益界定明确且相互匹配的制度,这既是一种权利共享机制,同时也是一种行为约束机制。总之,企业人力资本产权本质上体现着人们的现实经济关系,它是市场交易中人力资本所有权及其派生的使用权、部分转让权、支配权、收益权等一系列权利束的总和[58]。具体而言,企业人力资本产权是企业剩余控制权和剩余索取权的统一,是人力资本投资、人力资本使用、人力资本收益等关系的统一。

② 企业家人力资本产权

与一般的人力资本相比,企业家是一种特殊的人力资本,企业家通过创新不断打破经济均衡从而实现经济发展[59]。秦兴方(2003)认为企业家人力资本除人力资本所包含的内涵外,更主要的是指企业家所具有的各种能力在经济活动中的作用和价值[60]。企业家人力资本是一种生产要素的概念[60],是现代经济增长中最具有能动性的因素[61],具有边际报酬递增的特征。企业家的能力水平、企业家生产性努力程度两个内因变量[62],加上企业家掌握的企业资源数量和质量、环境的随机因素这两个外因变量共同作用于企业绩效[63]。企业家人力资本产权的充分界定是企业绩效的制度前提,同时也是企业产权结构合理安排的关键[64],对企业绩效有决定性的影响[65-66]。因此,承认并实现企业家人力资本产权的价值更有助于促进经济的发展,在西方经济发达国家所爆发的"经理革命"中企业家开始以其特殊人力资本参与价值分配[67],并体现为一定的权力安排[68-69]。国企改革中的企业家,包括具备企业家素质的国企经营者,他们的特殊人力资本的产权应主要归于他们个人[67]。张维迎(1995)认为最优的企业所有权安排是企业家与资本家合为一体[31],享有经营剩余。人力资本与企业绩效的相关性必然要求人力资本所有者获得产权激励[70-72]。现代企业作为物质资本与人力资本的结合,企业家作为最稀缺资源——企业家特殊人力资本拥有者,也是企业出资者,理所当然地应该拥有部分剩余索取权[67]。总之,企业家人力资本产权安排问题要求企业家这种特质型人力资本主体获得企业剩余控制权与剩余索取权,体现企业家的人力资本产权需求,在报酬制度中较充分体现企业家人力资本的价值,合法地以其人力资本参与分配,承认并实现基于人力资本的产权[73],反映出一定的内部机制与外部机制的安排[74-76]。

③ 人力资本产权的内在性制度要求

国内学者从人力资本产权特别是企业家人力资本产权的内在性制度要求角度把公司治理研究推上了一个新的层次。近年来,国内有关人力资本产权研究的主要观点有:周其仁(1996)提出"企业是人力资本与非人力资本的一个特别合约",认为企业里人力资本与非人力资本一样享有产权[55];方竹兰(1997)认为非人力资本在现代经济中容易退出企业,人力资本的专用性和团队化则使其成为企业的真正风险承担者,因而应"劳动雇佣资本"[56];杨瑞龙、杨其静(2001)则提出企业由谁所有,由谁控制,取决于企业要素提供者的"谈判力",并进一步提出拥有企业最有价值资源的所有者拥有最强的"谈判力",这种谈判力就构成企业资源的"控制力",是企业的真正控制者、所有者[77];魏杰(2001)通过对国内外研究和现状的剖析指出,公司治理结构的改革应该首先承认人力资本的存在,并赋予人力资本以股权,将人力资本作为一种制度安排进入企业[78];郑兴山、唐元虎(2003)通过对人力资本产权博弈的一般模型和扩展模型的系统分析,分析了企业治理与企业人力资本产权的相互关系[79]。

总之,人力资本理论的发展与人力资本产权的现实要求促进了人力资本产权理论分支研究的兴起,当前人力资本产权理论的研究尚处在一个初期的探索阶段,往往是为阐述人力资本产权理论的某些观点而进行的。从制度安排的角度,以内在性制度安排和外在性制度约束共同推进人力资本产权的发展,对于促进人力资本产权化、实施利益相关者共同治理具有重要的意义。

1.2.3 商业银行公司治理研究综述

(1) 监管理论中的公司治理因素

① 传统的 CAMEL 评价法

CAMEL 法通过评估银行的资本充足率 C(Capital Adequacy)、资产质量 A(Asset Quality)、管理 M(Management)、收益水平 E(Earning)和流动性 L(Liquidity)来判断银行的状况。传统评价体系中,中央银行及其他的金融监管者通常采用 CAMEL 方法去分析和评价一个银行的健康程度[80],评级机构也采用同样的分析模式来进行相应的分析与评价。

② 注重公司治理的 CAMEL-IN-A-CAGE 评价法

随着公司治理结构的重要性越来越受重视,公司治理结构(G factor)也应被作为一个风险评价因素引入银行评价体系中。亚洲开发银行的 Arvind Mathur 和 Jimmy Burhan 用 CAMEL-IN-A-CAGE 更直观地说明如何在银行评价体系中体现公司治理结构的因素[81]:

I——独立董事(Independent Directors):董事会是否独立与客观?大多数的董事是否是独立的?如何保证董事会的独立与客观?

N——提名委员会(Nominating Committee):提名委员会是否选择最称职董事候选人?选择标准是什么?董事是否具有对董事会和银行有帮助的能力、经历和品德?董事与总经理的任命是否受政府官员的影响?提名委员会是否杜绝了裙带主义的影响?

A——审计委员会(Audit Committee):审计委员会是否有效?

C——薪酬委员会(Compensation and Compliance Committees):工资待遇是否能够吸引到最好的人才?工资待遇是否根据资产回报率而变化?

A——责任与透明度(Accountability):董事会是否考虑并表现出对全体股东的责任感?对小股东是否公平?是否有有效的议事程序以避免利益冲突?董事会是否有道德指引?

G——公司治理委员会(Governance Committee):银行是否建立了公司治理委员会?是否与国际惯例接轨?是否订立了对董事的要求?

E——评价、效率与培训(Evaluation、Effectiveness and Education):是否有对董事会、董事和总经理的评价考核机制?董事会的效率如何?董事是否是橡皮图章?董事会是否经常召开、时间是否充分?董事是否接受关于影响银行状况和前景因素的教育与指导?

根据以上的 IN A CAGE 原则,银行监管部门可以通过道义规劝和强制命令来对商业银行建立良好的公司治理结构施加影响。

(2) 商业银行公司治理的特殊性研究

商业银行作为金融体系的重要组成部分,不仅在国民经济中扮演重要的角色,而且与一般企业相比具有很多的特殊性,并由此决定了商业银行公司治理与传统的公司治理存在着许多本质上的差异。商业银行公司治理不是公司治理理论在商业银行领域的简单应用,而是公司治理一般性与商业银行特殊性的有机统一。Ciancanelli 和 Gonzalez(2000)从商业银行的特殊性出发来研究商业银行公司治理的架构,并以此作为商业银行治理问题研究的基准[82]。Macey 和 O'Hara(2001)从银行的特殊性出发在普遍意义的基础上分析了一般公司治理架构对于商业银行的适应性[83]。Arun 和 Turner(2004)认为银行治理所遵循的基本思路是从商业银行与一般公司相比较所体现的特殊性着手来研究商业银行公司治理问题[84]。Caprio 和 Levine(2002)从全球的视角概括了商业银行公司治理的本质特征[85]。Levine(2003)则对全球范围的商业银行公司治理进行了提示性的评述[86]。Nam(2004)对亚洲国家商业银行公司治理问题进行了研究性述评[87]。李维安、曹廷求(2005)指出从商业银行的特殊性出发,既是研究银行治理问题的逻辑起点,也是进一步创新公司治理理论的根本所在[88]。欧阳青东(2013)基于商业银行公司治理的特殊性,提出了再均衡策略[89]。

① 产权与股权的关联研究

20 世纪 80 年代以来,商业银行相继出现股份制改造浪潮,西方国家对效率相对低下的国有商业银行进行产权制度改革,改变股权结构,实现银行资本社会化、产权多元化。西方国有商业银行的产权改革与发展是国家经济金融格局不断发展变化的结果。西方学者在国有银行股权结构方面进行了广泛的分析,对股权结构、系统风险、监管规则、激励约束机制及与经济发展的关系方面做了大量的研究。Anthony 等(1990)对银行股权结构和银行风险之间的关系进行了分析和研究[90],结果表明:在特定的监管规则下,银行股东控股比管理者控股更有动机从事高风险活动。Charles Hadlock 等(1999)从并购的角度对银行业与非银行业公司的股权结构(如内部董事持有的股权等)进行了对比分析[91]。Sapienza(1999)研究发现,意大利国有银行通过借贷政策追求政治上的目的及表达政治观点。Barth,Caprio 和 Levine(1999)提供了一个全面的关于全球政府的银行监管规则的数据资料研究股权。Rafael La Porta 等(2002)通过对全球 92 个国家银行的数据进行分析,对银行国有股权与经济发展水平和金融发展之间的相关关系进行了全面、系统的研究[92]。Magalhaes,Maria Gutierrez Urtiaga,Josep A. Tribo 等(2010)在对商业银行的股权结构风险业绩之间关系的实证研究中分别使用收益波动率和 Z-Score 值衡量风险。国内学者也在国有银行产权结构、信息披露、产权改革等方面进行了相关研究。史小坤、张化尧等(2002)提出了国有银行产权改革的各种方案[93],湛志伟(2002)和李念斋等(2002)研究了国有银行的股份制改造[94-95],宋玮(2002)强调了国有商业银行股份制改造应控制在国有控股股权结构的产权结构[96],王晓枫(2003)则从产权改革与银行信息披露之间的关系进行了相关研究[97]。李艳虹、贺赣华(2009)从公司治理结构的各个方面对商业银行公司治理与风险控制之间传导机制进行了阐述,认为不平衡的股权结构,较小的董事会规模,适度的监事会监管以及有效的管理层激励能够加强对银行的公司治理[98]。杨有振、赵瑞(2010)在实证分析了商业银行股权机构对信用风险规避的影响后得出:适度分散股权集中度并且降低国有股份的比重对减少商业银行不良贷款额有积极作用[99]。国有商业银行的股权结构必须符合国有商业银行核心能力增强的要求,必须适应客观开放经济、政治和社会环境的改变。股份化成为国有商业银行产权制度的基本特征,国有商业银行产权和股权结构的研究也可以为我国国有商业银行实施产权制度改革提供一定的借鉴。

② 债权人利益的特别关注

宋玮(2003)认为商业银行的特殊性不仅来源于银行资产负债表,也来源于银行债权人和股东的利益冲突[100]。银行业的治理机制远较一般企业复杂,特别注重债权人的利益保护是商业银行公司治理区别于一般企业的重要特点。德瓦垂鹏和泰劳尔(Dewatripont 和 Tirols,1993)将传统的银行监管理论与公司控制理论有机地结合起来,提出了银行公司控制模型[101],指出银行股东和债权人存在的特殊性及根据银行业绩分配控制权可以对银行经营者形成约束和控制,实现银行的健全经营。

③ 政府的特殊管制

Ciancanelli 和 Gonzalez(2000)分析了银行业的行业特点,指出银行是重要的资金融通和金融体系稳定的重要力量,而政府对银行的关注和参与程度更多,因而银行业的管制和监督成为商业银行公司治理特殊性的主要表现[82]。商业银行公司治理是银行监管的重要内容,我国银行业监管部门建立了自身公司的治理评价体系,取得了一定效果。良好的公司治理结构应该是商业银行本身和银行监管当局共同关注的问题,特别是商业银行方面应该以巴塞尔新资本协议为起点,将商业银行本身的公司治理纳入政府的特殊管制和监督框架内。

④ 风险的特殊控制

商业银行在合约、产品和资本结构等方面所表现的特殊性对银行治理机制产生了深远的影响。信息的严重不对称性导致银行合约的不透明性、高技术含量导致银行产品的特殊性、低股权与高负债并存的资本结构导致特殊的银行资本结构。李维安、曹廷求(2005)在此基础上提出了银行管理者道德风险问题不能只通过行业管制来缓解,而应从治理机制内部着手从根本上去解决问题[88]。把银行体系的脆弱性与金融风险控制的内在要求结合到银行治理中来[80],赋予银行治理更广义的内涵。曹艳华、牛筱颖(2009)实证分析了银行高管的平均薪酬与银行风险承担呈负相关,但是高管的持股状况对风险承担影响不显著[102]。

(3) 商业银行公司治理的实践研究

① 内部股份制改造

持国有银行要实行股份制改造观点的学者认为:国有银行实行股份制有助于解决国有银行资本金的补充问题;更重要的是有助于理清国有银行的产权关系,有利于建立一个高效的法人治理结构,从上市、内部产权改革、引入战略投资者等方面的改革促使国有银行实现向现代企业制度的转变。

银行上市是最直接最彻底的推进治理结构改革的方式。通过上市这种制度安排,进一步促进竞争与效率,为商业银行治理结构开辟全新的发展空间。张旭阳(2001)认为银行上市也是优化股东结构的有效方式,并为愿意积极参与银行公司治理的企业与机构提供了直接渠道[103]。上市使银行接受公众的监督,提高了透明度,同时在交易所上市所要达到的条件也是保证银行业公司治理结构质量的另一个工具。朱正元(2001)主张国有商业银行重组上市应坚持分步重组、分步上市模式[104]。首先,将经营状态较好、资产实力雄厚的分行改组具有独立法人资格的股份制商业银行,作为经济区划内的核心银行。然后,可以将其区域内分支机构改组为由核心银行控股、具有独立法人资格的地区型股份制商业银行。

目前,国有商业银行治理结构的缺陷和内部控制体系的不完善,使竞争和监管的作用大打折扣,因此,内部产权制度的改革与完善具有重要的意义。严文兵(2002)认为在国有商业银行的改革进程中,在鼓励强调国有银行竞争的同时,应该着眼于国有银行公司治理结构的改善[105]。尽管竞争有利于提高效率,但信息不完善、外部性和规模经济的存在,可能会引起国有商业银行的恶性竞争、利润下降,导致银行体系的脆弱。刘伟、黄桂田(2002)提出以股份制改造的方式引入有实力的民营、外资成分以形成对国有成分的牵制力,通过多元化的产权结构来完善银行治理机制,推进银行业改革[106]。

国有商业银行股份制改造要引入机构投资者,形成国家股、国有企业法人股和国际国内个人公众股等多元化股权结构。郭武平(2004)提出,在国有商业银行股份制改造的进程中,积极引入战略投资者,并提出相应的"金股"概念[107]。通过在国有商业银行中设立金股,一方面扩大战略投资者表决权的影响力,增强其投资意愿;另一方面政府能够"有所为有所不为",相机选择行使否决权,既促使银行拥有更大的自治权,又能在战略投资者与政府之间形成权利均衡,完善银行的法人治理。

② 外部监管推动银行治理

建立健全商业银行的公司治理结构,关键是要按照现代企业制度,结合国有商业银行的实际情况进行改革。通过放松准入管制和加强外部监管来解决国有商业银行改革的结构性问题,促进银行内部治理结构的完善。

银行业改革应重在行业结构调整,于良春、鞠源(1999)以 SCP(结构、行为、绩效)分析范式研究了我国银行业的发展,指出我国银行业存在着垄断竞争甚至寡头垄断的市场结构以及垄断低效等结构性问题,并提出放松银行准入管制的建议[108]。林毅夫、李永军(2001)从中小企业与国有商业银行在信息、规模上的不对称引致中小企业融资难的角度,指出银行业的结构性问题,提出放松行业准入与营造充分竞争的贷款供给市场应是国有商业银行改革的重点[109]。

Caprio 和 Levine(2002)认为银行业因信息敏感性质和政府监管而使得其竞争程度较其他行业差[85],应加强银行监管,实现政企分离,使所有权和经营权相对分离,完善银行的内部治理结构。陈志昂(2004)主张以监管促进国有商业银行治理,认为只有国有商业银行的内外部治理得到有效改善、资产质量明显提高时,改制上市才具有现实基础[110]。加强市场竞争短期内无法改变垄断竞争结构,也不利于国有商业银行提高资产质量和资本充足率。杨晓丽(2012)建议通过加强外部监管、合理配置股权结构等方式来控制商业银行的治理风险,认为银行资产组合的不透明性和严格的外部监管对商业银行的公司治理有着显著的影响[111]。

③ 内外共同实现有效银行治理

徐振东(2001)提出了在内外治理环境及机制动态统一中来实现银行的有效公司治理

的观点[112]。对于处于转轨经济中的商业银行来说,必须在经济转轨中加速创建有效公司治理的市场环境与市场机制,同时设计和实施相应的国有商业银行公司治理结构,做到银行内部治理结构同外部市场环境、市场机制协同演进,以期实现国有商业银行的有效公司治理。

1.3 研究视角与研究框架

1.3.1 研究视角

本书主要基于人力资本产权的视角研究国有商业银行公司治理问题。由于银行体系的脆弱性和金融危机的巨大危害性等特殊因素,从商业银行自身的特殊性进行研究是商业银行公司治理创新的关键,经营者人力资本对地位提高的迫切要求以及同时能引发更加严重的"内部人控制"现象,这些都对商业银行的特殊治理提出了更高的要求。从人力资本产权的视角研究商业银行公司治理,既是理论上的空白点,又是现实中的迫切要求。在研究过程中,本书充分借鉴了许多其他相关学科的理论,如新制度经济学、博弈论、信息经济学与行为金融学等,拓宽了研究的视角,为研究的深度和广度提供了理论上的支撑。

本书以人力资本产权为立足点,对国有商业银行内部治理结构及机制和外部治理机制进行了由内而外、内外结合的综合分析。内部治理方面,本书沿着商业银行特殊性的分析脉络,以产权配置和人力资本产权激励对公司治理结构进行构建,特别突出了特殊性情境下经营者的激励约束机制、公司治理结构重构和经营者人力资本产权的构建等问题。外部治理方面,从人力资本产权视角下选择市场治理机制、监管机制及债权人相机治理机制进行国有商业银行公司治理机制的研究。内部治理与外部治理结合方面,以人力资本产权为公司治理结构与公司治理机制的联结点进行国有商业银行公司治理的评价体系设计,最终形成基于人力资本产权化的国有商业银行公司治理研究体系,该研究结果有利于促进国有商业银行公司治理的改进与完善。

1.3.2 研究框架

全书共分为七章。

第一章导论。主要阐述本书的研究背景、目的与意义,介绍文献回顾、研究思路与研究框架、研究方法以及创新点。

第二章对转型期国有商业银行公司治理要素进行分析。以国有商业银行治理结构的演进为出发点,就商业银行治理中存在的主要问题进行讨论;特别针对转型期国有商业银行公司治理的特殊性进行现状分析和机理分析;同时结合我国银行监管实际,对相应问题进行深入剖析,为建立基于人力资本产权化的国有商业银行公司治理改革提供了理论基础和现实支撑。

第三章研究国有商业银行产权配置与公司治理结构问题。首先对国有商业银行所有权安排现状进行制度层面的分析；在此基础上，进行国有商业银行产权与股权结构的关联研究，特别是进行国有商业银行人力资本产权的配置的相关研究，探讨国有商业银行激励机制与银行绩效的关系；进而从利益相关者共同治理的角度进行国有商业银行产权、控制权与经营者行为模式选择的博弈分析。

第四章研究国有商业银行人力资本产权激励与公司治理的关系。在对经营者人力资本产权激励理论研究的基础上，对国有商业银行人力资本产权激励与公司治理结构进行互动研究；设计国有商业银行治理结构的微观运行机制；提出国有商业银行经营者人力资本产权实现机制的对策建议。

第五章研究国有商业银行公司治理的外部治理机制。先分析国有商业银行的市场结构，包括国有商业银行的市场治理机制、监管机制、债权人相机治理机制及三者对外部治理机制的影响；再研究人力资本产权对国有商业银行外部治理机制的整合，在此基础上提出国有商业银行公司治理机制改革的对策建议。

第六章研究国有商业银行公司治理及评价。从公司治理的发展趋势及现实要求出发确立评价目标和原则，分析相应的治理机制评价指标；在此基础上设计商业银行公司治理的评价指标体系，研究基于人力资本产权的国有商业银行公司治理及评价的整合对商业银行公司治理的现实要求。

第七章为结束语。

1.4 研究方法与技术路线

1.4.1 研究方法

(1) 多学科协同的方法

从人力资本产权的视角对国有商业银行公司治理进行研究，涉及到经济学、金融学、管理学、货币银行学、制度经济学、信息经济学等多个学科的内容。因此，本书在研究的过程中，充分借鉴了这些学科的研究方法及最新研究成果，应用系统分析、边际分析法、博弈论、场论等新方法，开展多学科协同研究，客观、全面地反映了研究对象的本质。

(2) 理论与实践结合的方法

通过理论分析与应用分析相结合的研究模式，结合现阶段商业银行公司治理改革积累的经验，从经营者人力资本产权入手对我国商业银行公司治理模式展开深入研究。在国内外学术界取得的大量研究成果的基础上，借鉴国内外公司治理的实践和经验进行综合分析，从内而外、内外综合研究，提出理论与实践相结合的我国国有商业银行公司治理改革的一般原则和目标模式。

1.4.2 技术路线

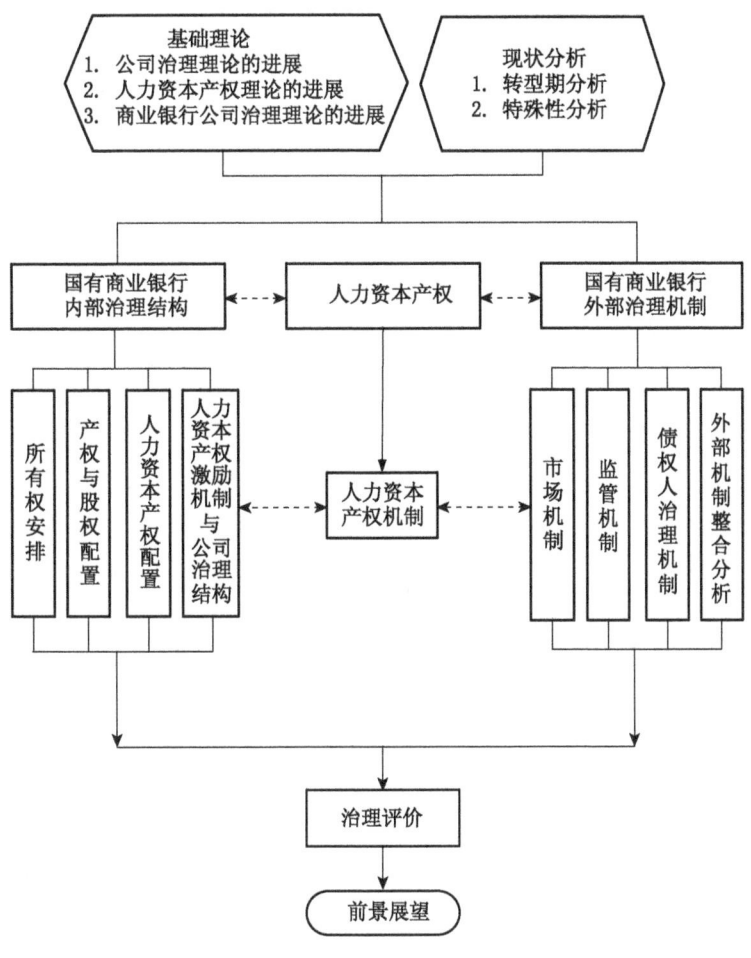

图 1.1 技术路线图

1.5 创新之处

归纳起来,主要创新可分为两大类:

(1) 研究视角的创新

① 基于人力资本产权视角研究国有商业银行公司治理理论。已有文献关于公司治理问题的研究大多集中在委托—代理理论、控制权理论、内部人控制以及利益相关者共同治理等理论方面,把人力资本理论应用于公司治理理论中是一个理论前沿探索,而把人力资本理论应用于国有商业银行这一特定对象的公司治理中来还是首次。

② 基于人力资本产权与公司治理结合的视角研究国有商业银行公司治理结构重构

与公司治理机制重建。把公司治理结构与公司治理机制内外结合的综合研究是一种系统的研究,大多数学者都是从激励机制的角度对人力资本进行研究,很少有学者在公司治理综合研究的基础上研究人力资本产权的实现。

③ 基于国有商业银行公司治理结构与公司治理机制整合的视角研究商业银行治理评价指标。商业银行公司治理评价及指标体系的建立尚处于探索阶段,本书在指标体系的建立过程中将外部市场治理机制指标纳入到指标评价体系中,这有助于实现国有商业银行公司治理结构与公司治理机制的逻辑统一。

(2) 研究方法与理论应用的创新

① 引入场论及协同学原理进行商业银行公司治理机理分析。一般文献的研究只是对商业银行的现状进行分析,本书则对商业银行特殊性的机理进行分析,这样有助于内部治理结构与外部治理机制相结合的系统分析。本研究用系统论的观念、协同学及场论的观点提出了国有商业银行公司治理场的空间理念,为基于特殊性的国有商业银行公司治理机制的构建指明了方向。

② 建立基于人力资本产权化的公司治理结构。国内有一些学者开始把人力资本产权与公司治理相结合进行研究,但是其研究主要是把人力资本产权的理念引入到国有商业银行公司治理中来。本书在已有研究的基础上,进一步深入探讨了人力资本产权化后国有商业银行内部治理结构的变化及相对应的权力制衡机制的变化。

③ 构建人力资本产权基础上的外部治理机制。国外文献对外部治理机制一般是从控制权角度来进行研究的。本书从另外的一个视角——市场治理机制、监管机制和债权人相机治理机制的综合研究对国有商业银行外部机制进行研究,并以人力资本产权为主线形成了国有商业银行外部公司治理机制的整合。

④ 构建基于内外结合的治理机制评价指标体系。商业银行的公司治理评价指标体系的建立还处于初级探索阶段,本书将指标体系的构建作为公司治理结构与公司治理机制有机结合的载体,实现了公司治理结构与公司治理机制内外结合的综合评价体系。此外,商业银行公司治理指标评价体系也为国有商业银行公司治理的改革和发展提出了现实要求,并且指明了发展方向。

第二章
国有商业银行公司治理要素的关联机理

2.1 国有商业银行治理演进

从新中国金融体系诞生开始的行政治理到国有商业银行股份制改造下的现代公司治理经历了一个漫长的进程,实现了从被动变革到主动改革的飞跃。国有商业银行[①]公司治理改革的制度导向性和路径依赖性是国有商业银行公司治理改革研究的基础,治理结构的演进研究有助于发现国有商业银行公司治理发展的特殊路径、促进国有商业银行公司治理改革的深化发展。

2.1.1 商业银行公司治理概述

由于各国经济环境、监管政策和文化等方面的差异,目前国际上对于商业银行公司治理尚未建立起广为接受的一般理论架构,但在各国政府和多个国际性、区域性组织的推动下,银行治理概念的问题已经展开广泛讨论,形成制度性文件并在实践领域加以推广。特别是巴塞尔委员会发布的《加强银行机构的公司治理》和我国陆续出台的《股份制商业银行公司治理指引》《关于中国银行、中国建设银行公司治理改革与监管指引》等文件,标志着商业银行治理的理论研究达到了一个新的高度,开始进入了实践层面和政策推广阶段。

(1) 商业银行公司治理的概念

① 国际方面

1999年9月,巴塞尔委员会专门就商业银行的治理结构问题颁发了《加强银行机构公司治理》的指导性文件,将商业银行的治理结构问题提到了前所未有的历史高度。其主要内容包括:公司治理及其重要性;银行公司治理的内容;规范的银行公司治理的做法;确保稳健的银行公司治理的宏观环境;监管者的任务。其中一系列报告突出强调作为规范

---

① 国有商业银行是指由国家(财政部、中央汇金公司)直接管控的商业银行。本研究的范围是国有的五个大型股份制商业银行,包括:中国工商银行、中国农业银行、中国银行、中国建设银行、交通银行。

的公司治理基础的战略与技术,从八个方面阐述了有效的银行治理应包括的要素[113]:公司的价值准则、指导规范和其他相应的行为准则以及保证贯彻上述准则的制度;一个表达明确的公司战略,借此衡量企业的成就与个人的贡献;涵盖公司各个层面的明确的职责分配与决策机制;在董事会、高层管理部门和审计人员中建立起一种互动和合作的机制;强化内部监控系统,包括内部与外部的审计功能,独立于业务系统的风险管理职能和其他制约、平衡系统;专门的风险监控体系;对管理人员、雇员尤其是高级管理人员的激励机制;适当的内部信息交流和公共信息披露渠道。

总的来说,巴塞尔委员会对银行治理概念的界定是:银行董事会和高级管理层管理业务和事务的方式,涉及股东、董事会、银行管理层和其他利益相关者①的一整套关系,治理的过程是确立银行制定目标、管理日常的业务运作、考虑相关者的利益、协调公司活动和行为并使之与银行安全稳健经营的期望联结起来,在遵循相关的法律规章的情况下保护存款人利益等行为和活动。巴塞尔委员会是从内部治理和外部治理的结合对商业银行公司治理进行界定的,在保护股东权益的同时又强调了利益相关者的作用。

② 国内方面

2002年6月5日,中国人民银行对外正式发布了《股份制商业银行公司治理指引》(以下简称《治理指引》),这是国内银行治理方面的指导性文件,其中对商业银行公司治理做了如下定义:"商业银行公司治理是指建立以股东大会、董事会、监事会、高级管理层等机构为主体的组织架构和保证各机构独立运作、有效制衡的制度安排,以及建立科学、高效的决策、激励和约束机制。"这一定义强调了两个方面的内容,一是建立"三会一管"的公司治理结构,二是强化商业银行的决策机制和激励约束机制。

《股份制商业银行公司治理指引》提出了商业银行公司治理应当遵循的五项基本准则:完善股东大会、董事会、监事会、高级管理层的议事制度和决策程序;明确股东、董事、监事和高级管理人员的权利、义务;建立、健全以监事会为核心的监督机制;建立完善的信息报告和信息披露制度;建立合理的薪酬制度,强化激励约束机制。这五项基本准则是国有商业银行公司治理改革的依据和国有商业银行完善公司治理的指引方向。《治理指引》在坚持公司治理一般原则的同时,要求建立和完善国有商业银行公司治理结构,重点突出了银行作为特殊的股份制公司的特性是银行内部治理的基础。

(2) 商业银行公司治理的含义

巴塞尔委员会和中国人民银行对商业银行公司治理的理解尽管有些差异,但两者也有相同之处,对商业银行治理概念的理解至少包含以下两层含义:

第一,商业银行治理是一种契约关系。同一般的企业一样,商业银行也是一组以产权为纽带契约的联合体,是随着产权范围变化而变化的制度安排。契约制约着商业银行的交易,使得组织交易成本低于市场交易成本。由于人的有限理性和机会主义行为等特征,这些契约所形成的合同为不完全合同。因此,商业银行治理的制度安排是以产权安排为

---

① 利益相关者主要包括雇员、供应商、客户、社区和共同体。由于银行在国民经济和地方经济以及金融系统中的特殊作用,监管者和管理者也都是利益相关者。

基础,以商业银行法和商业银行章程为依据,规范商业银行各利害相关者的关系,通过契约约束交易,实现商业银行交易成本的比较优势。

第二,商业银行治理的功能是配置权、责、利。不完全合同是否有效的关键取决于权、责、利的配置情况,即合同未预期的情况出现时谁有权决策,商业银行治理的首要功能就是配置这种控制权,控制权的配置形成商业银行的公司治理结构。进一步产生于这种控制权之上的影响商业银行公司治理结构的制度安排形成商业银行的公司治理机制,由此形成商业银行的组织方式、控制机制、利益分配等制度与文化安排,并最终影响商业银行的治理绩效。

2.1.2 国有商业银行公司治理演进与存在的问题

(1)"大一统"模式下的行政治理(1949—1979)

新中国金融体系的诞生是以中国人民银行的成立为标志的。新中国金融体系是通过组建中国人民银行、合并解放区银行、没收官僚资本银行、改造民族资本银行与钱庄等途径实现的。1952年12月,全国成立了一家垄断所有金融业务的中国人民银行,它是直属国务院的政府机构,行使一定的金融职能,具有机关和企业的双重属性。1953年,我国开始大规模有计划地发展国民经济,金融机构也按照当时苏联的模式进行了改造,并建立起一个高度集中的国家银行体系,通常把它简称为"大一统"的银行体系模式。"大一统"的银行体系模式是特定的历史条件的产物,有力地支持了国有经济的发展,其特点可以概括为:中国人民银行实际上是当时全国唯一的一家银行,其作为政权机构和金融企业混合体存在;它的分支机构按行政区划普设于全国各地,各分支机构按总行统一的指令和计划办事;它既执行金融行政管理机关职能,又执行具体经营银行业务的经济职能;作为政权机构和金融企业的统一体而存在;它的信贷、结算、现金出纳等制度设计的目的都是为了严格监督和保证中央高度集中的计划任务的执行和实现。

从公司治理的角度来看,"大一统"金融模式是行政手段而非经济手段的行政治理,从本质上来说这属于行政治理而非企业的公司治理。"大一统"金融体制是高度集中的计划经济管理体制的必然产物,国家对"大一统"的模式下的银行指挥协调统一,便于政策贯彻,利于全局控制。但是,按照行政区域与行政级别对应设置的机构安排使整个金融系统缺乏活力,尤其是基层金融机构缺乏自主权,无法发挥主动性、积极性。这种统得过多、管得过死的行政治理方式导致银行政企职能不分、银行运行效率低下等弊端。

(2)国有专业银行向国有商业银行转变下的公司治理(1979—2002)

自1979年中国银行、中国农业银行等专业银行的诞生至1984年中国人民银行独立行使中央银行职能,以中国人民银行为核心,中、农、工、建四大国有专业银行为主体的银行体系初步形成。从1986年开始,国有商业银行的改革进入了"放权"与"让利"的企业化改革阶段,对国有专业银行的性质开始定位于企业,银行治理制度有了进一步的变革:对国有银行控制权进行重新分配;银行及其经营者的评价开始从注重行政评价转向注重行政评价与经济评价的综合评价;银行经营者的激励与约束机制开始引入利益机制,纯粹的行政激励有所减弱。1994年,国家正式启动了国有专业银行向国有商业银行转轨的改革：成立国家开发银行、中国进出口银行、中国农业发展银行三家政策性银行，承担原来由国家专业银行办理的政策性金融业务，推动国有专业银行向国有商业银行转化，改革目标是建立和完善法人治理结构、现代企业组织结构、内部经营管理结构以及权、责、利对等的自我激励和自我约束机制，逐步改造成为现代商业银行。1995年，我国《商业银行法》的颁布确立了商业银行"自主经营、自负盈亏、自我约束、自我发展"的企业法人主体地位，为国有商业银行改革提供了法律依据，提出了按照现代商业银行的制度依法构建公司治理结构和公司治理机制的要求。

从公司治理的角度来看，国有专业银行向国有商业银行转变在一定程度上改变了利益制衡关系与权力配置方式。一元化向多元化的银行体系变化改变了"大一统"的金融体制，赋予了国有专业银行行政化治理以新的内涵，物质激励等经济利益手段被应用于调节所有者与经营者之间的关系。但这一阶段国有专业银行资源的配置总体上是由国家计划和控制的，金融资产的所有权（占有权、使用权、支配权和收益权）由国家控制，国家对专业银行实行利润上缴和亏损补贴。虽然国家对银行下放了一部分经营权和决策权，银行可以行使部分控制权，控制权的配置格局和激励约束机制有所改进，但控制权与决策权只能在国家下达的计划内行使，是否遵守和完成下达的信贷计划仍是考察评价银行经营者的关键尺度，公司治理结构体现的仍然是传统的行政型模式。1994年，国有专业银行向国有商业银行转轨的改革过程中，国家的政策扶持措施改善了银行的资产质量和盈利水平，为推进国有独资商业银行股份制改革积累了经验、创造了条件，但仍存在激励机制与约束机制失衡、内部监督职能严重弱化、内部控制及预算软约束等问题。

(3) 国有商业银行股份制改造下的现代公司治理(2002至今)

我国加入WTO后，国有商业银行面临外资银行分阶段进入的威胁，这将极大地改变当前银行业的市场格局和竞争态势。在银行业内部改革与外部开放的进程中，国有商业银行公司治理问题被提到了前所未有的高度。亚洲金融危机充分表明：商业银行薄弱的管理和治理结构会给银行带来巨大的改革成本；良好的管理和治理结构会给银行良好的回报。2002年6月5日，中国人民银行参照OECD公司治理原则和巴塞尔报告，借鉴和吸收了发达国家公司治理制度的一些经验，博采众长并结合我国商业银行的现实情况，正式发布了《股份制商业银行公司治理指引》及《股份制商业银行独立董事和外部监事制度指引》，对股份制商业银行公司治理结构、独立董事和外部监事的设置等一系列问题做出了指导性规定，推动商业银行从自身实际出发完善公司治理，有效维护股东和存款人的利益。为适应经济发展，加快金融改革，促进金融业健康发展，2004年1月，国务院决定根据国有独资商业银行的具体情况，选择中国银行和中国建设银行作为实施股份制改造的试点，国有商业银行股份制改革拉开序幕。2004年3月，中国银监会颁布《关于中国银行、中国建设银行公司治理改革与监管指引》以推进股份制改革的顺利进行。中国银行和中国建设银行实施股份制改造的核心是办成真正的商业银行：按照现代商业银行要求，建立规范的公司治理结构和严明的内部权责制度，两家试点银行应建立规范的股东大会、董事会、监事会和高级管理层制度；两家试点银行应根据现代公司治理结构要求，按照"三会分设、三权分开、有效制约、协调发展"的原则设立股东大会、董事会、监事会、高级管理层；

按照《公司法》等法律法规的有关规定,建立规范的股份制商业银行组织机构,以科学、高效的决策、执行和监督机制,确保各方独立运作、有效制衡。在成立股份公司之后,在金融监管部门的协调下,国有商业银行开展了极富创意的引进战略投资者的工作。在成功改制和引进战略投资者的基础上,国有商业银行随即展开首次公开发行和股票上市工作:以2005年6月23日交行H股在香港上市为起点,到2010年7月15日和16日,农行A股和H股先后在上海证交所和香港联交所成功上市,国有商业银行股份制改革进一步发展。

从公司治理的角度来看,股份制改造下的商业银行公司治理体现了权力配置的根本要求,从制度上保障权力制衡机制的顺利进行。《股份制商业银行公司治理指引》及《股份制商业银行独立董事和外部监事制度指引》是公司治理的国际一般准则与我国具体实践相结合的产物,充分体现了改革的要求和我国商业银行的发展特色,它对于深化我国银行体制改革,进一步建立和完善法人治理结构,提高中资银行的竞争力具有重要意义。这两个《指引》是国有商业银行建立、完善公司治理的指引,是国有商业银行公司治理改革的真正开始。国有商业银行的股份制改造是建立、完善公司治理的关键,其终极目标是在深化内部改革的基础上建立良好的公司治理结构,转换经营机制,将国有商业银行改造成为现代化股份制商业银行,从而提升国有商业银行的核心竞争力。股份制改造从股权、所有权的角度进行了根本的改革,改造的过程中坚持改革与治理并重,加大内部改革力度,建立规范的股东大会、董事会、监事会制度,积极引进战略投资者,实现投资主体多元化,加快公司治理结构和公司治理机制的建立与完善,通过公司治理的健全与完善来实现我国金融业国际竞争力的全面提升。

2.2 国有商业银行特殊性的现状分析

商业银行是以金融资产和金融负债为经营对象的特殊行业,它经营的是特殊商品——货币和货币资本,经营的内容包括货币的收付、借贷以及各种与货币运动相关联的金融服务。与其他行业相比,商业银行具有特殊的经济功能和内在的脆弱性,一个运转良好、高效和稳定的商业银行系统对于一国获取良好的经济绩效至关重要。我国的银行系统兼具转轨与发展的双重任务,在国民经济活动中具有促进经济发展与推动社会进步的双重功能。因此,商业银行治理在遵循公司治理一般性规律的同时,还存在着一些明显区别于其他行业公司治理的特征。

2.2.1 银行业的特殊性

(1) 强外部性

商业银行具有极强的外部性,不仅自身具有内在的脆弱性,而且很可能引发系统性金融风险。国有商业银行是金融市场的主要基石,兼具经济与社会双重效应、产生双重影响,是整个经济系统的"稳定器",它的强外部性在影响金融市场的同时影响金融体系的稳定、乃至国民经济的发展。银行稳定金融体系主要体现在银行支付体系的广泛作用及对银行的利益要求[100];银行体系的良好运行可以提高资源配置效率,促进经济增长;银行破产会在金融系统内部快速传染,产生"多米诺骨牌"效应,对其他经济部门乃至整个宏观经济产生巨大的冲击。

(2) 高风险性

商业银行是经营货币的特殊企业,相对于其他类型的企业而言,面临着挤兑风险、利率风险、汇率风险、信贷风险、衍生风险等种类繁多的各种风险,这些风险还可以进一步引申为投资风险和收益风险等各种各样的亚风险,各种不同的风险增加了银行经营失败的可能性。随着金融衍生工具的大量出现和金融市场投机机会的增多,商业银行所面临的各类风险在加大。商业银行的强外部性特征又放大了这些风险,单个商业银行发生危机会引发整个金融体系的动荡,从而进一步加剧银行自身的风险。随着金融自由化和国际化以及金融业务处理的电子化和金融衍生产品的进一步发展,对专业人才的要求越来越高。不同国家和地区金融系统之间的风险传递能力增强,利率风险、汇率风险、国家风险以及其他国际金融风险对金融系统的冲击越来越大。

(3) 高垄断性

我国银行垄断性强,国有商业银行的贷款高度垄断及金融资产大部分集中于国有商业银行,表现为体制内金融的一种高度垄断,金融市场处于国有商业银行垄断的格局中。2012年,我国国有商业银行资产总额达到 627 133.81 亿元,资产份额为 68.44%。巨大的资产规模与庞大的市场份额促成了国有商业银行的高垄断性。国有商业银行通过垄断可获得巨大利益。国有商业银行进一步通过排斥其他利益集团参与竞争,妨碍要素自由流动,从而进一步强化其垄断地位。如银行界的工、农、中、建等国有商业银行在相当长的时间内,为维护其垄断地位,不仅限制外资银行的进入,还压制民营金融业的发展。

(4) 行政干预性

银行具有较强的外部性、高风险性以及高垄断性,导致了政府更多地涉足商业银行的公司治理,维持银行及整个金融体系的稳定自然也就成为各国金融监管当局的重要目标。在我国,这种行政干预下的银行依赖于对金融业务的高度垄断和中央银行的扶助,政府则通过对银行的控制和干预保持其对经济活动和经济稳定的权力和利益。在此干预下,银行不仅要承担自身发展的经济功能,还要履行社会功能,从而导致了既有经济制度的转轨困难。

2.2.2 金融产品的特殊性

(1) 高杠杆性

我国商业银行由于所处的特定的制度环境,目前的主要业务是办理存贷款业务,商业银行的资本结构中占绝对多数的是个人和企业的存款和部分借款,银行资本只占很小一部分。这一特殊性质的业务使得商业银行具有特殊的资本结构,决定了商业银行是高负债运营的企业。商业银行往往运用很少的自有资本吸收大量的存款,债权融资在商业银行的资金中占有相当高的比重。银行运作的杠杆率很高,按照巴塞尔协议的要求,商业银行自有资本充足比率为8%,比一般企业的自有资本比率低得多。这一特殊的资本结构使得银行的管理层有极强的激励从事高风险活动,一旦发生问题具有极大的危害性。所以银行与一般企业最显著的不同点在于商业银行在其公司治理结构中要面对众多的债权人,受存款人利益的约束。银行资产负债表的结构——特别是银行高杠杆性及资产与负债的结构不匹配进一步表明,银行管理者应该像对待股东权利要求者一样给予固定权利要求者以相应权利[83]。

(2) 高技术含量

商业银行除了提供通常的存贷款产品外,还提供风险管理、财务咨询等人力资本高度密集和风险比较大的产品,商业银行的技术含量高于一般企业。银行业的发展离不开大批知识面广、实践经验丰富的复合型人才,人力资本的作用日趋明显。特别是随着我国金融业改革开放的不断深入,越来越多的经济活动需要商业银行提供全方位的金融服务、逐步扩大技术含量高的中间业务品种和积极拓展金融衍生产品。新兴金融产品是知识密集型产品,具有集人才、资金、技术、信息、机构、网络和信誉于一体的特征,具有高技术附加值。

2.2.3 金融契约的特殊性

(1) 信息不对称性

与非金融企业相比,商业银行的股东、债权人及监管者均处于信息劣势。监管者、存款人与贷款人等多个相关利益主体的存在导致了股东、董事会和管理层之间存在信息不对称,存款人与银行管理者和股东之间、贷款人与银行之间、监管者与银行之间都存在不同程度的信息不对称问题。

银行产品的信息不对称程度比一般公司的产品要复杂,其信号的传递也比较困难。就贷款本身来说,贷款是银行生产的一种产品,但在相当长的时间内不容易判别其质量和收益状况引致了信息不对称情况的加剧。而且,商业银行的高度人力资本密集和风险较大使得产品的信号传递与接收更为困难。这样,银行产品的特殊性不但弱化了产品市场的信号传递功能,而且使股东、债权人和监管者很难从市场上得到准确的信息。银行业的这一特殊性质使它较一般的公司更易受到道德危害的影响[83]。

(2) 政府的管制与监督

银行是最重要的资金融通机构,也是金融体系稳定的重要力量,政府对银行的关注和参与程度很大。各国政府或政府的代理机构普遍对银行机构实施各种监督和管制,包括对银行机构市场准入、业务范围、市场退出等方面的限制性规定;对银行机构内部组织结构、风险管理和控制等方面的合规性、达标性要求;以及相关方面的立法和执法体系。管制作为一种外部治理的制约力量对商业银行的治理产生重要影响。

西方各国普遍设立的存款保险制度为银行体系提供了相关的担保,我国国有商业银行则获得了政府的隐形信用担保。监管部门关心的焦点则是如何保证银行稳定,保证经济的稳定发展和保护存款人的利益。监管部门确定银行的资本(即监管资本)时,其目标与股东的目标并不完全一致,银行业的管制和监督成为商业银行公司治理机制特殊性的主要表现。

2.3 国有商业银行治理要素的机理分析

国有商业银行公司治理的纵向演进路径和横向特殊性共同决定了国有商业银行公司治理表现为一种特殊的治理方式,形成特殊的公司治理边界、特殊的治理结构和特殊的治理机制。就银行体系本身而言,国有商业银行特殊性现状及治理的最终表现是由其系统的机理所决定的。

2.3.1 协同学原理与治理要素的协同表征

(1) 协同学原理

协同学是由原联邦德国科学家海尔曼·哈肯(Hermann Haken,1977)在对激光进行研究时创立的一门跨学科理论。哈肯概括了不同现象中有序结构形成的共同特点,即一个由大量子系统所构成的系统,在一定条件下,子系统之间通过非线性的相互作用产生协同现象和相干效应,使系统形成有一定功能的自组织结构,在宏观上便产生了时间结构、空间结构或时—空结构,出现了新的有序状态,进而强调组织的时间结构、空间结构或时—空结构是从无序状态中产生的,系统的功能服从一些相似的原理[114]。哈肯强调协同学就是一门研究各个学科领域中关于合作、协作或协同的学说。具体地说,协同学是运用系统的观点研究复杂系统从无序向有序转化的结构和过程,目标明确地集中在系统的宏观性质经历显著变化的情况。

协同学使用的基本概念主要有:竞争、协同、序参量和支配。自组织系统演化的动力来自系统内部的两种相互作用:竞争和协同。竞争是系统演化的最活跃的动力,是协同的基本前提和条件;协同是系统中诸多子系统的相互协调的、合作的或同步的联合作用,即集体行为。从开放系统的演化角度来看,竞争一方面造就了系统远离平衡态的自组织演化条件,另一方面推动了系统向有序结构的演化,走向协同,系统在竞争与协同的相互作用中达到整体优化。序参量概念和伺服概念是协同学的两个中心概念。序参量是系统内部大量子系统集体运动的产物,序参量概念和伺服过程是整个系统相互竞争和协同的产物。序参量是指描述系统有序的参量,是某个参量在系统演化过程中从无到有的变化,并且能够指示出新结构的形成,反映新结构的有序程度。伺服则是序参量和系统内部大量子系统运动状态的相互作用的过程,即大量系统相互作用产生序参量,而大量子系统又伺服于序参量的过程。对于一个复杂系统,序参量就是支配系统运动的内在驱动力,系统序参量一经确立,就像一只无形的手控制、驱动着系统,抓住了序参量就找到了观察系统运动及子系统之间相互作用的关键。商业银行特殊性的各个要素之间也存在着协同关系,在治理机制的运行过程中体现出治理要素的协同表征。

协同学对国有商业银行的治理分析关键是对序参量要素的界定。国有商业银行确定序参量时应充分考虑到影响公司治理绩效的决定因素,既要遵循一般企业公司治理的基本准则,又要满足商业银行公司治理特殊性的要求。纵观商业银行公司治理发展的历程,可以发现这是一个典型的自组织系统过程,影响公司治理绩效的支配性要素有公司治理结构、公司治理机制和公司治理场,它们在当代企业理论发展阶段通常是公司治理系统诸要素中最重要的要素。因此,公司治理结构、公司治理机制及作用于公司治理结构和公司治理机制之上的公司治理场是这一过程的序参量。商业银行公司治理各序参量又有自己的子要素,子要素的相互作用促成了商业银行公司治理作用的实现。考虑到商业银行的特殊性,商业银行公司治理涉及到的序参量要素的子要素界定如下:公司治理结构要素、公司治理机制要素、公司治理场要素。

(2) 协同表征

① 外部表征——竞合关系

社会是一个由各种个体组成的子系统构成的不断"扩展"的动态系统。在同样的科学技术和基础生产力要素背景下,不同的治理模式产生不同的治理效果。选择适当的公司治理结构和公司治理机制,并通过其所处的公司治理场加以有效的整合,施加相应的治理过程,可以使这一系统的结构和功能向更加有序的方向发展演化,促使企业整体的系统优化。国有商业银行作为整个国民经济系统的一个重要子系统,承载着国民经济转轨与发展的双重任务,与其他子系统息息相关。国有商业银行和其他的经济子系统所形成的环境是存在于此环境中个体互动发展的"能量库"和"动力源",在竞合中协调发展成为评价社会存在和发展方式以及状态的基本价值标准。

国有商业银行作为国民经济中的重要行业,既要有实现特定经济目标的手段与工具,又要能满足特定社会目标的实现。在社会经济系统的发展中,处理银行外部关系时,国有商业银行与其他部门之间的关系是既存在竞争,又谋求合作发展;处理银行内部关系时,国有商业银行的活动不仅关系到股东和银行本身的利益,还直接涉及到其他利益相关者的利益取向,特别是重要利益团体的利益保护问题。从银行公司治理的层面来看,治理要素表征为竞合关系,传统的治理结构各要素间存在竞合关系、治理机制各要素间存在竞合关系、治理机构与治理机制的各要素间也存在竞合关系,各治理要素在竞合中互相影响、互相促进、共同发展。

② 内部表征——序参量协同

序参量是表征系统宏观有序度或宏观模式的参量,决定系统有序程度的参量,也即决定事物状态的主要矛盾或矛盾的主要方面。协同学认为,自组织的形成是通过子系统之间的协同作用实现的,这种协同作用包括两种:序参量与其他参量之间的合作关系和联合作用;序参量之间的合作关系和联合作用。

商业银行公司治理序参量的确定不仅能指示出商业银行系统自组织进程中新结构的形成,而且还要满足序参量实现其支配作用的以下基本属性:第一,序参量是宏观参量。公司治理结构和公司治理机制是重点研究并揭示具有众多子系统构成的公司治理的普遍现象和规律的系统整体宏观效应,而不是侧重刻画所有子系统的微观行为特征。第二,序参量是微观子系统集体运动的产物、合作效应的表征和度量。随着企业各要素间关联性的加强,人们已逐渐认识到加强协调和优化各要素间的关联对企业整体运行效果的影响,因此,公司治理场作为公司治理结构和公司治理机制相关联的外在维度,它和公司治理结构、公司治理机制一起影响着公司治理的发展,而且还能从更深层次上反映公司治理的秩序化和规范化程度。第三,序参量支配子系统的行为,主宰着系统的整体演化过程。序参量作为系统众多子系统合作效应的表征一旦形成,便又对一切子系统的运动产生支配作用,二者互为存在的条件。运用公司治理结构、公司治理机制以及相互作用所形成的公司治理场来分析公司治理,各个要素内部的子要素之间也相互作用、相互影响,在相当程度上被用来支配各种活动,主宰着整个公司治理的发展演化。序参量协同的内部表征表明国有商业银行的协同治理不仅要求在传统的公司治理结构中添加利益相关者的保护机制,还要特别关注债权人的利益保护问题。

最终,国有商业银行公司治理的内外表征在互动过程中通过系统与外部因素的竞合、治理结构与治理机制的序参量之间的协同产生共振,公司治理结构要素、公司治理机制要素、公司治理场要素互动形成协同放大效应,促使有序结构的迅速形成,进而推进治理系统整体优化。

2.3.2 场论原理与治理要素的场论推断

(1) 场论原理

场论是指研究的各种物理量的分布、相互关系、相互作用及其运动规律的理论。在空间或空间的一部分 Ω 上分布着某种物理量,就构成一个场。尽管每种场都有各自的特性,但是在数量关系上各种场都有一定的数学形式。运用物理学的概念,把场论运用到公司治理权变过程对于优化国有商业银行公司治理模式具有重要的意义。

在场论的基础上,将场论的原理和方法有选择地引入到公司治理理论中,并应用于公司治理理论的研究形成公司治理场论。本书对公司治理场的概念界定如下:公司治理场是公司治理环境影响因子作用于公司治理结构和公司治理机制的作用力所形成的势空间状态和势效应(见图2.1)。

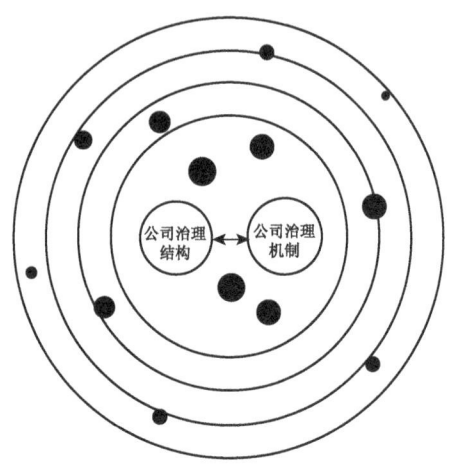

图 2.1 公司治理场

在此概念框架下,公司治理场由公司治理结构要素和公司治理机制要素构成。其中,公司治理结构要素包括:产权结构、三会一管结构(股东会、董事会、监事会、经理层);公司治理机制要素包括:市场要素、监管者要素、债权人要素、利益相关者要素等。公司治理结构要素与公司治理机制要素互相作用形成公司治理场要素。在特定的公司治理环境影响因子的作用下,治理结构要素与治理机制要素共同分布在公司治理场的边界范围内,相互影响、相互作用,体现出一定的协同表征规律并共同决定公司治理的作用。

(2) 场论推断

国有商业银行公司治理是在特定公司治理场的作用下的公司治理结构和公司治理机制的产物,公司治理场影响治理结构并决定治理表征。结合国有商业银行公司治理特殊性的现状分析,在协同的基础上进行公司治理的场论推断,可以得出以下结论:商业银行的特殊性要求国有商业银行公司治理要充分考虑到公司治理场中特殊影响因子——人力资本产权因子的强度,在特殊的公司治理边界框架下公司治理影响因子发生变化,导致相应的治理结构要素与治理机制要素发生变化,特别是引发国有商业银行产权制度、强调人力资本产权激励的配置以及债权人利益的特别保护等方面[115]的变革,各因素在协同中实现整合与提升。

① 治理要素的边界重构

国有商业银行面临内部改革与外部开放的双重挑战。在特有的制度环境下,人力资本产权的作用愈显突出。从公司治理场的角度出发,引入人力资本产权制度要求对公司治理边界进行重新界定和调整,这对于我国国有商业银行战略制定与经营发展具有重要意义。引入人力资本产权制度的战略思考是通过公司治理边界的重新界定来谋求竞争优势的,人力资本产权制度的引入和人力资本产权激励对公司治理边界的重新界定使商业银行核心能力特征鲜明进而确立竞争优势。公司治理研究的重点在于公司各利益相关主体之间的责权利划分及相互间关系的制衡,国有商业银行的特殊性中对权力制衡起重要作用的是经营者人力资本产权的重要性和债权人的利益问题,如何通过公司治理制度安排来保障各方的利益要求是实现其竞争优势的根本。就公司治理的思路而言,一方面,股东是公司"所有者"这种传统且模糊的观念已经与事实不相符合;另一方面,随着公司经营边界的重新定义,公司的治理边界亦随之发生相应的改变[116]。"股东至上"理论向"利益相关者"理论发展,人们更倾向于认为公司的雇员、供应商、债权人和客户等利益相关者与股东等非人力资本的所有者一样拥有对企业的所有权。由于国有商业银行的特殊性,我们在进行公司治理安排的时候不可能把所有的利益相关者都完全等同地界定在公司治理的边界之内,但是在公司治理内涵扩大的同时,应该把公司治理的边界从原来的股东扩展到包括经营者人力资本和债权人,实现从股东单边治理的治理边界向利益相关者共同治理的治理边界过渡。

② 治理要素边界重构引发公司治理结构要素变化

治理要素的边界重构引发公司治理结构要素的变化,国有商业银行将在产权制度及人力资本产权激励等内部要素方面产生根本性的变革。当公司治理要素的边界扩大时,多层次委托代理关系必然导致信息失真,代理风险加大;国家的多目标自然导致多任务委托代理关系,国有商业银行多任务进一步导致不良资产增多,赢利能力差。单一的产权制度直接导致的产权高度集中问题、"代理人缺位"问题、"内部人控制"问题及动力机制弱化问题,使股东利益难以得到有效保障。要实现国有商业银行剩余控制权与剩余索取权的对称配置,就要从产权入手,对国有商业银行现有产权进行股份制改造,允许金融产权交易、恢复产权的可交易本性来实现国有商业银行效率的改善。此外,人力资本产权的配置应该在国有商业银行产权配置中得到有效的体现。现有国有商业银行以行政权为基础的权力配置极大地阻碍了国有商业银行高级管理层人力资本权能的发挥,通过改善对国有商业银行高层管理者的激励可以部分改善国有商业银行的绩效。在合理的限度内充分放权,减少对国有商业银行贷款的干预、制订商业利润方面的激励和考核机制,促使商业银行把经营的重点放到赚取商业利润方面,进而提高商业银行的经济利润。合理引入人力资本产权激励,将控制权收益制度化,减少行政干预,以人力资本产权的制度化推动国有商业银行从行政型治理向经济型治理转变。

③ 公司治理结构要素作用于公司治理机制要素

公司治理结构要素作用于公司治理机制要素,产权变革与人力资本产权激励的引入有助于监管机制的有效和债权人利益的特别保护等方面的变革。首先,产权变革与人力资本产权激励的引入有助于促进有效监督。对于西方商业银行而言,债权人的过度分散和各国普遍设立的存款保险制度使得债权人专家式的监督这一重要的公司治理机制在银行治理体系中缺失。从银行治理的角度分析,存款保险制度虽然可以在一定程度上弥补高风险行为的可能损失,但会增加商业银行股东和管理者的风险偏好,在某种程度上导致存款保险制度负激励[82]。我国国有商业银行的行政治理由于产权制度的原因,长期获得政府的隐形信用担保,这些担保行为使得银行经营者产生更严重的道德风险问题。银行体系对国民经济系统影响的重要程度使政府对银行业的管制比其他行业严格得多。产权制度的改革则可以寻求一种更加平衡的方式,使政府对银行的监管行使真正意义上的约束和控制,在一定程度上替代弱化的公司控制机制,是对公司控制机制的必要补充。此外,产权变革与人力资本产权激励的引入有助于债权人的特殊保护。债权人作为国有商业银行公司治理场中重要的环境影响因子,是利益相关者群体中重要的组成部分。国有商业银行的债权人是由众多的不具有信息优势、且不具有监督控制积极性的众多中小存款者组成的,缺乏一般企业债权人所具有的对企业的监督和控制能力。且由于国有商业银行获得了政府隐形的信用担保,使这些中小债权人也失去了对银行监督和控制的动机。产权制度改革与人力资本产权激励的引入则会促进资产管理公司、引入机构投资者等方式的产生,有助于代替广大中小债权人参与商业银行的公司治理,从而实现债权人利益的特别保护。这样,既保证中小债权人的利益,又通过债权人参与治理来重新界定国有商业银行公司治理的边界,从而使得国有商业银行公司治理场中治理机制影响因子的作用得以充分发挥,促进国有商业银行公司治理的可持续发展。

④ 公司治理机制要素反作用于公司治理结构要素

公司治理结构要素作用于公司治理机制要素的同时,公司治理机制要素反作用于公司治理结构要素。市场治理机制、监管机制、债权人相机治理机制对内部治理结构要素产生深刻的影响,外部治理机制要素为国有商业银行公司治理改革提供必要的约束性保障。银行业因为信息的敏感和政府管制而使得竞争程度弱于其他行业,产品或者服务市场的竞争作为公司治理机制的替代功能减弱,市场竞争压力的相对减少和政府的强监管干预使得银行需要更加强有力的公司治理机制,这种公司治理机制的变化影响公司治理结构要素。产权制度的改革和经营者人力资本产权的建立与完善是以竞争为前提的,市场竞争在公司治理及经营者人力资本产权配置中发挥重要的作用。外部机制有助于促进经营者人力资本产权的完善,企业家人力资本产权在动态中实现与其他资源的结合以促进整个社会资源配置效率的提高。外部治理机制通过监管机制的管制放松,允许产权变革并赋予微观经济主体——企业家人力资本以完整的人力资本产权;通过市场治理机制实现全国统一的产权交易市场来进行产权结构优化与银行家人力资本的市场化配置,最终促进公司治理结构要素提高配置效率。

⑤ 内部治理要素与外部治理要素在协同中整合与提升

国有商业银行公司治理场中,内部要素与外部要素相互作用,在协同中相互促进并实现整合与提升。在国有商业银行公司治理结构改革的时期,银行治理问题因为特殊的市场机制与政府对银行体系运转的广泛干预而变得更加复杂,治理要素之间呈现出复杂性状态,产权要素、内部治理结构要素也因此与市场要素、监管要素、债权人要素、利益相关者等方面交错影响。在商业银行公司治理的特殊治理边界的作用下,国有商业银行的产权结构、人力资本产权的控制权配置状况、利益相关者特别是债权人利益的特别保护成为国有商业银行公司治理序参量中重要的子参量,一起作用于国有商业银行公司治理,并决定着国有商业银行公司治理改革和发展的方向。

2.4 本章小结

在分析国内外学者对商业银行公司治理定义的基础上,界定了商业银行公司治理的概念及含义,以制度变迁和路径依赖为主线分析国有商业银行公司治理的演进和发展,以银行业的特殊性为切入点对国有商业银行的现状及治理要素的机理进行分析。在此基础上,首次运用系统论、协同学及场论的观点提出了国有商业银行公司治理场的空间理念,进一步分析了国有商业银行治理基本构成要素的协同表征,得出国有商业银行公司治理的场论推断。

第三章
国有商业银行产权配置与公司治理结构

3.1 国有商业银行所有权安排的制度分析

3.1.1 国有商业银行所有权安排

现代企业理论的一个核心观点认为：企业是一系列不完全契约的有机组合，是人们之间交易产权的一种方式，契约的不完备性导致拥有企业的剩余控制权和剩余索取权是至关重要的。国有商业银行所有权安排是企业所有权的要素安排在商业银行中的具体体现方式，是产权配置的基础。

(1) 企业所有权的要素安排

企业所有权是公司治理的重要内容之一，在企业理论的早期文献中，经济学家是以剩余索取权来定义企业所有权的。后来格罗斯曼和哈特认为，剩余索取权是一个没有被很好定义的概念，他们将企业所有权定义为"剩余控制权"。现代企业理论则把剩余索取权和剩余控制权合称为企业所有权，认为剩余索取权与剩余控制权应该对应，完整的企业所有权应该包括企业的剩余索取权和剩余控制权。企业所有权安排是指企业各产权主体在平等博弈的基础上形成一定的产权契约的过程，企业所有权安排的外在表现是企业剩余索取权和剩余控制权的配置问题。企业所有权在内容上包括三个方面的要素安排：企业所有权的主体安排、客体安排及主体对客体的权利关系安排[117]。

企业所有权的主体安排主要是明确企业所有权归哪些产权主体所有，以及它在不同产权主体间的配置。一个企业的产权主体可以简化为"人力资本"和"物质资本"（或"非人力资本"）两类。现代企业理论认为企业是一个契约，但一般强调非人力资本的作用，认为企业所有权主要应在物质资本所有者之间进行安排。20世纪80年代兴起的利益相关者理论对此提出了挑战，认为企业所有权应在各利益相关者之间进行安排。国内学者在此问题上也存在"单一主体论"[118]和"多元主体论"[37,55-56]之争。前者主张物质资本所有者是企业所有权唯一的主体，"资本雇佣劳动"是最佳的制度安排；后者主张企业是"一个人力资本和非人力资本的特别合约",企业所有权的主体安排应该包括人力资本所有者。随着企业理论的进一步发展,企业所有权主体不断向外扩展,利益相关者(包括管理者、工人、客户、供应商、银行、社区等)已受到越来越多的关注,直接对现代公司治理产生深刻的影响。在重新架构的公司治理边界设计中,开始包括利益相关者,并把满足所有者和利益相关者的利益作为其重要的目标。这充分说明人力资本产权已经被纳入企业所有权主体安排的视野之中。

企业所有权的客体安排是指企业所有权安排内容的确定,是剩余索取权和剩余控制权的统一体。剩余索取权是相对于合同收益权而言的,指对企业收入在扣除所有固定的合同支付后(如原材料、固定工资、利息等)的余额(利润)要求权[127]。剩余控制权是相对于特定控制权而言的,是指在契约中没有特别规定的活动的决策权,是在企业合约中所未明确的状态出现时的相机处理权(决策权)。特定控制权是指在契约中明确指定的那部分对财产的控制权利,一般包括生产、销售、雇佣等日常经营方面的权利,也就是法马和詹森所说的"提议权和贯彻权"。除此之外的权利就是剩余控制权,一般包括战略性的重大决策,如任命和解雇经理、重大投资、收购合并等,也就是法马和詹森(1983)所说的"认可和监督权"[28]。

主体对客体的权利关系安排由企业所有权主体和客体的安排所决定,具体而言,就是指企业的剩余索取权和剩余控制权在不同的产权主体之间进行不同的分配时,相应会存在不同的权利关系配置。在古典企业中,股东与经营者合二为一,股东是剩余索取权的当然拥有者,企业剩余索取权与企业剩余控制权完全对应企业模型是一种自然的理想状态。现代企业中,所有权与经营权分离,委托—代理关系成为其主要特征。股东作为外部人,其信息不充分和经营才能有限直接导致决策成本过高,从而将剩余控制权安排给决策代理人来行使。知识经济时代,企业所处的环境发生了巨大的变化,各种主体之间的博弈初始状态点也发生了根本性的变化。知识成为企业的核心要素,决策权(剩余控制权)的安排应与所需的专门知识相匹配才是最有效率的[119],应将剩余控制权给予拥有行使决策所需专门知识的要素所有者。企业剩余索取权与企业剩余控制权合理配置使人力资本产权主体成为企业所有权权利安排的当然选择。

企业治理结构就是关于企业所有权配置的制度安排[77]。现在,人们已经越来越清楚地认识到,企业实际上是一个"状态依存"的经济存在物,是一个以所有权为中心的社会关系的集合或称为产权束[120]。企业的所有权安排是一种"状态依存"制度安排,要根据不同的情况做出相机选择,使剩余索取权和剩余控制权的对称配置达到一种合理的状态。

(2) 国有商业银行的所有权安排

国有商业银行唯一的产权主体是国家,国有商业银行的组织构架为分支行制,基于这样的制度安排,国有商业银行表现为行政式的多级委托—代理关系,表现为两大等级体系:从初始委托人(全体国民)到国家权力中心的自下而上的授权链,以及从权力中心到最终代理人(企业内部成员)的自上而下的授权链[31]。进一步细化为国家与政府之间的委托—代理关系、政府与国有商业银行之间的委托—代理关系以及国有商业银行内部存在着的多级委托—代理关系。

国有商业银行具体的所有权安排表现为分享制,委托—代理关系表现为双重委托—代理链(图3.1),政府作为联系双重体系的"关键人",既是初始委托人的代理人,又是最终代理人的委托人,在委托—代理链中具有委托人和代理人的双重身份,这直接导致了信息和动力的衰减。双重委托—代理链表明:国有商业银行的"政府超级企业团队"所有权安排[121]具有"政府超级企业"[122]和分享制安排不完全的性质,所有权安排是一个行政问题而非市场问题。

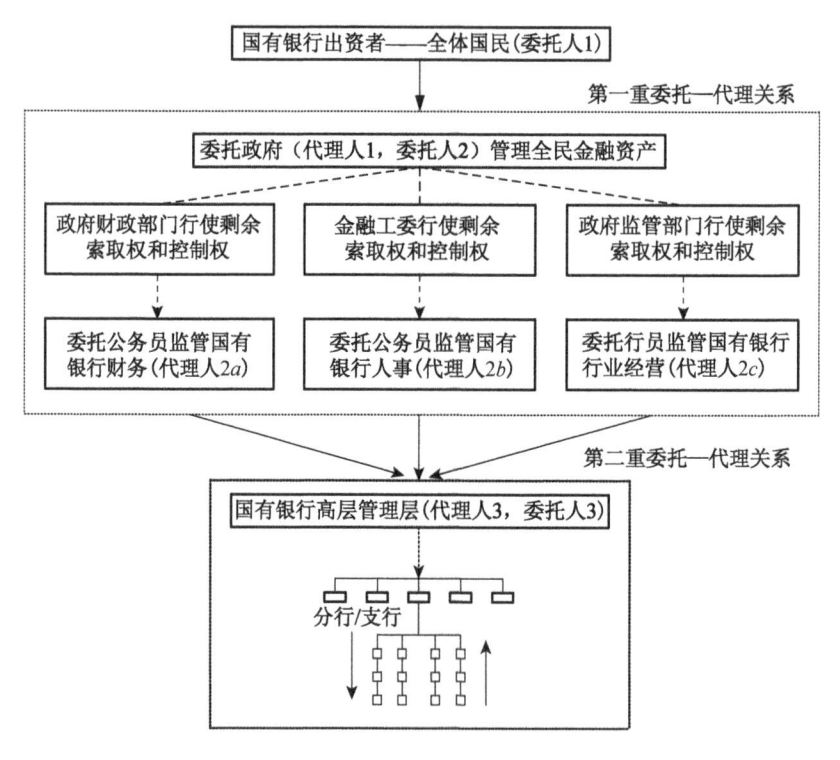

```
国有银行出资者——全体国民(委托人1)
                │
                ▼                          第一重委托—代理关系
委托政府(代理人1,委托人2)管理全民金融资产
    │              │              │
    ▼              ▼              ▼
政府财政部门行使剩余  金融工委行使剩余   政府监管部门行使剩余
索取权和控制权      索取权和控制权     索取权和控制权
    │              │              │
    ▼              ▼              ▼
委托公务员监管国有   委托公务员监管国有  委托行员监管国有银行
银行财务(代理人2a)  银行人事(代理人2b) 行业经营(代理人2c)
                                          第二重委托—代理关系
                │
                ▼
国有银行高层管理层(代理人3,委托人3)
                │
                ▼
            分行/支行
```

图 3.1 国有商业银行双重委托—代理链

① 第一重委托—代理链所有权安排

国家为委托人1,政府为代理人1。全体国民作为一个整体,理论上与政府形成契约关系。国有资产的所有权属于国家,可具体到全体国民,这一点是很明晰的,但是政府作为全体国民的代理者,其代理权、责、利边界的界定不清成为我国所有权问题的关键,也是国有商业银行产权制度的关键,从而导致了所有者缺位现象的产生。

国家主权是一个抽象的概念,由政府来代理全体国民行使公共产权。政府应该明确国家作为所有者的利益,采取措施改善国有商业银行的盈利能力,所有权安排表现为剩余索取权和剩余控制权。政府作为代理人1不仅拥有公共财产的控制权,而且拥有剩余索取权。初始委托人(全体国民)的剩余索取权则要通过国家控制的再分配渠道来获得,公共财产的剩余索取权与控制权的配置是由等级制来界定的[123]。政府代表国家取得代理权后,依法行使生产性资源的排他性权利,根据等级制的安排建立纵向的授权链进行授权,进行剩余控制权和剩余索取权的分配与使用。

② 第二重委托—代理链所有权安排

政府作为委托人 2(代理人 1)采取委托团队形式,由财政、金融工委和银行监管等部门组成,委托相应的执行部门(代理人 2a、2b、2c 等)监管国有商业银行的人、财、物及行业经营。政府进一步通过其在各地、各省和国家的组织承担了委托人 2 的作用,任命管理人员,对其进行激励和监管。所有权安排表现为剩余索取代理权(实际为剩余索取权)和部分剩余控制权。

财政部门的控制权[124]包括:银行国有资产权的界定、登记,对转让行为进行监管;制定和实施政策、改革计划、规章制度、资产评估指南、统计数字和分析;参与金融机构资产评估项目的合规性审核;负责银行国有资产的基础管理工作,监管银行国有资产收益拟订;制定和实施国有商业银行框架条例和其他条例,监督银行业的实施;指导地方银行资产和财务监管工作。

中央金融工委的控制权包括:国有资产的保值增值;任命所有高级管理人员;按照国家金融政策对银行经营进行稽核;审查银行预算,检查银行财务报告和资金工作报告;审查银行利润和分配;监督行长的商业行为,业绩评估和奖惩建议;为银行内部审计、稽核和监督提供指导。

银行监管部门的控制权包括:对国有商业银行实现行业监督;负责国有商业银行的市场准入与退出管理;检查、审计、监督存款、信贷、结算、贷款等管理;检查、监督利率的提高;监督财务报表和业绩、对经营进行指导和监督;拥有国有银行高级管理人员任职资格、章程、业务范围调整、股权变更、注册资本变更甚至地址变更、营业点开设的最后核准审批权等剩余控制权。

国有商业银行作为代理人 3(委托人 3),银行代理人理解成为对贷款发放具有决策权的行长或其授权人,采取团队代理形式,委托国有商业银行员工负责具体工作。所有权安排为经营管理的剩余控制权,代理人 3 扮演商业银行的经理人和政府官员的双重角色,可与代理人 2 通过政府组织部门的行政安排转换角色,这种委托—代理关系具有典型的行政型治理的特征。

3.1.2 国有商业银行所有权安排的制度分析

在两权分离的制度安排下,委托—代理关系是指委托人(出资人)与代理人(经理人)签订一组契约,由代理人代表委托人按预定目标去从事某项活动。在代理的过程中,代理人可以选择自己的行动,该行动产生的相应结果不仅会影响到委托人的利益还会影响到代理人的利益。由于信息不对称,委托人无法确定代理人的行动是否符合委托人的利益,当两者的利益发生冲突时,股东的权利可能受到损害。

国有商业银行的所有权安排要求剩余控制权与剩余索取权对称配置,但它不是简单的单一的委托—代理链,而是复杂的多层次、多任务的委托—代理关系以及以行政权为基础的权力配置,是一种行政型治理模式(见图 3.2),具有一定的制度安排性。

支行追求自身利益的时候更是如此。较长的委托—代理链使代理人更易于采取"逆向选择"和"道德风险"的机会主义行为,从而使委托人利益受损的可能性增大。权责不对

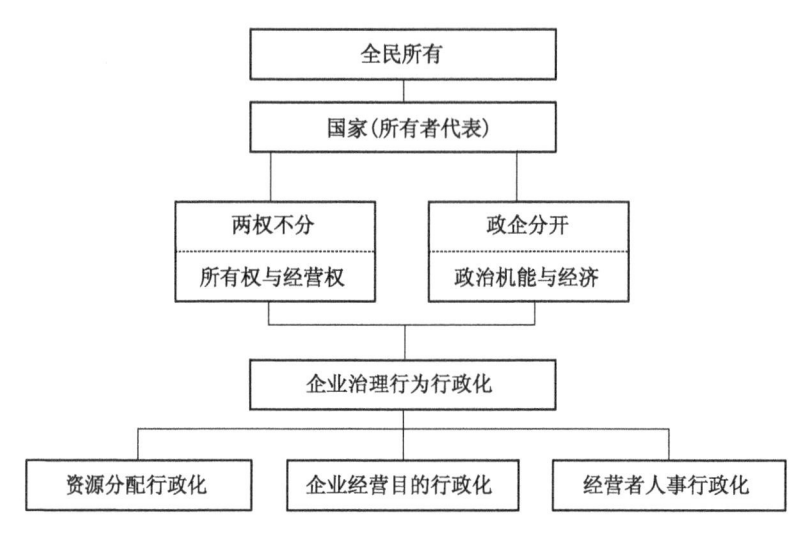

```
              全民所有
                │
          国家(所有者代表)
           ┌────┴────┐
       两权不分      政企分开
      所有权与经营权  政治机能与经济
           └────┬────┘
        企业治理行为行政化
      ┌────────┼────────┐
   资源分配   企业经营目的  经营者人事
   行政化      行政化       行政化
```

图3.2 计划经济下典型的行政型治理模型

来源:李维安.公司治理教程[M].上海:上海人民出版社,2002年

等表现为国家出资人的所有权控制弱化、软化,代理人拥有经营国有商业银行的完整权利,但并不承担相应的经营责任。利益不相容表现为局部利益不断强化,国有商业银行的经营目标与政府约束目标不一致,国有商业银行的整体利益和债权人利益得不到保障。

(1) 多任务委托—代理关系

政府的多任务直接导致了国有商业银行所有权安排的多任务委托—代理关系。政府作为委托人的目标函数是效用最大化:既有本位利益对财政收入的经济目标追求,又有社会公众利益对社会发展、充分就业的社会目标追求。我国银行业市场化改革是一个深层次的制度变迁的过程,其根本目的在于提高商业银行的运作效率。在渐进式的改革过程中,既要保证市场化目标的最终实现,又要保证金融体系稳定和整个社会的稳定,国有商业银行被赋予了利润最大化与金融支持双重职能。双重职能的赋予使作为代理人的国有商业银行行长面临双重委托目标:一方面,国有商业银行承担着实现国有资产保值增值的使命,要求以利润最大化作为经营目标;另一方面,要求配合政府的金融支持政策的要求,在推动经济增长目标的同时维护社会稳定、促进经济结构调整等社会发展目标。

国有商业银行作为政府众多国有企业中的一个,政府行为的双重目标决定了国有商业银行的所有权安排受双重目标的约束。国家作为商业银行的所有者,不可避免地给国有商业银行赋予多重任务,形成了事实上的政府与国有商业银行的多任务委托—代理关系,导致了特殊的激励结构。这种特殊的激励结构对代理人的行为选择、努力方向、努力程度、最终效果起决定性作用。商业银行代理人只能追随政府制定的目标,无法完全按照商业性的原则经营管理,表现出复杂的多任务委托—代理关系。

(2) 行政权为基础的权力配置

国有商业银行的治理模式属于典型的行政型治理模式,它最大的特点就是政企不分、企业治理行为行政化。国有商业银行所有权安排的制度基础是以行政权为基础的权力配置,国家无须直接获得每个初始委托人的授权,而是可以通过颁布法令等方式直接获得代理权,它是一种以行政权为基础的强制性代理关系[37]。

国家作为国有资产的代表,不仅拥有对国有资产的所有权,同时还掌握着国有资产的经营权。行政权为基础的所有权配置使得国有商业银行治理行为行政化,这种治理行为的行政化主要表现为资源分配行政化、经营目标行政化、经营者人事任命行政化,进而使治理制度呈现出"内部治理外部化,外部治理内部化"的特征[125]。国家授权各级代理机构,各部门及各银行分支机构只是行政机构的附属物,国家作为代理人不仅拥有国有商业银行的控制权,而且拥有剩余索取权,按等级制来配置剩余索取权与控制权。

在这种制度安排下的高层管理者本身只是高级官员,不是真正意义上的金融家,更不是我们通常所说的企业家。他们的控制权行使由等级规则来界定,与其承担风险的能力及受控资产的营运效率并不直接相关。在工作动力上,激励的导向不是以市场为导向,而是以政绩为导向。高层管理者的效用函数不同于初始委托人及国家的目标,它包含了薪水、公务津贴、声望、权势、庇护、机构的产出、变革及管理机构的便利性等变量[126]。这种安排一方面加剧了委托—代理目标的不一致,另一方面严重忽视了高层管理者人力资本的使用和人力资本产权的激励。

通过以上的制度分析,可以得出两个基本的结论:

① 完善国有商业银行的产权结构

多层次委托—代理关系必然导致信息失真,代理风险加大;国家的多目标自然导致多任务委托—代理关系,国有银行多任务进一步导致不良资产增多,赢利能力降低。要实现国有商业银行剩余控制权与剩余索取权的对称配置,就要从产权入手,进行国有商业银行产权制度的改革。通过明晰产权可以有效确定各层次委托—代理主体的权、责、利关系,使多任务委托—代理关系所体现的目标趋于一元化,推动国有商业银行由行政型治理模式向经济型治理模式转变。

② 引入人力资本产权机制

行政权为基础的权力配置限制了产权制度的完善及高级管理层人力资本权能的发挥。人力资本产权机制承认经营者的人力资本产权并予以制度化,是推动国有商业银行从行政型治理向经济型治理转变的关键。从经营者人力资本产权入手,改革传统的评价方式和激励制度,有助于国有商业银行组织架构的重构和国有商业银行股份化改造的重新设计,推进真正意义上的产权革命。

3.2　国有商业银行产权与股权结构研究

股权结构是指股东所持公司股份比例,是公司所有权安排的客观反映。公司治理的产生、存在、性质与特征均是以一定的产权和股权结构为基础和核心的。西方国家商业银行基本是按股份公司的产权制度安排和组织结构组建,股份制商业银行已经居于世界商业银行体系的主体地位。商业银行产权、股权结构的形成受政治、经济、历史、文化等因素的影响,反过来又对经济发展过程产生一定的影响,世界各国商业银行产权发展状况与经济发展之间存在着一定的关系,体现出一定的规律性。从某种意义上来讲,产权、股权结构与经济发展密切相关,产权与股权的有效安排是公司治理有效性的基本前提。

3.2.1 商业银行产权与股权结构类型

从产权发展状况与经济发展的关联分析可以看出,适度集中与适度垄断是银行发展的趋势。但由于政治、经济、环境及历史发展背景不同,金融制度的发展路径不同,因此,不同国家商业银行的产权制度安排和产权结构在体现出一定规律性的同时,产权安排上仍有很大的差别。根据股权的集中程度,商业银行产权结构可以分为以下类型:一是分散型股权结构,二是相对集中型股权结构,三是高度集中型股权结构。

分散型股权结构以分散的个人持股和机构投资者持股为主,公司没有大的股东,股权分散于小股东手中,所有权与经营权基本上完全分离。这种股权结构以美英模式的国家为主要代表,在美英等国的商业银行中,大股东主要是养老基金、人寿保险、互助基金等各类机构投资者,这些大股东所持有的股份通常只占银行总股本的1%左右。这种结构是建立在市场体制比较完善、证券市场比较发达的基础之上的,其特点是股票发行量大、股权分散化,通常持有3%甚至1%的股票就能够掌握相应的控制权。

相对集中型股权结构通常是指股权相对集中在少数几个大股东手中,大股东拥有银行的绝对控制权。这种股权结构以日德模式和东南亚家族模式的国家为主要代表,日本商业银行与实业公司之间的相互持股及循环持股、德国银行与公司之间的交叉持股以及东南亚一些国家银行的家族持股基本上都属于这种模式。这种结构建立在内部治理结构完善的基础上,其特点是法人持股或大的家族机构持股比较普遍,控股股东通常持有20%～30%,甚至50%以上的股票,大股东通过拥有银行的控制权来监督和控制银行的活动。

高度集中型股权结构是指股权完全集中在同一个大股东手中,通常为国家政府机构或代表政府机构的机构投资者,这是商业银行股权结构的一种极端方式。这种股权结构以我国为主要代表,商业银行股份制改造前,国家持有国有商业银行几乎100%的股权。社会主义法系的国家基本持有绝对优势的股权,除此以外,意大利、法国、韩国等国家在不同的历史时期也出现过国家高度控股的商业银行。这种结构建立在行政型治理为主的基础之上,其特点是行政性特征大于经济性特征,在经济发展的特殊时期起着关键的作用,但是也导致股权安排的经济性功能无法实现。

我国国有商业银行产权安排表现为高度集中型股权结构,它不同于西方国家银行的适度集中与适度垄断的发展趋势。西方国家银行的适度集中与适度垄断是在产权自由流动的条件下,利用兼并、合并与收购等市场力量与方式来实现的;我国国有商业银行的产权高度集中是由于产权交易受到很大程度的限制,剩余索取权不可转让造成的,这意味着产权的制度安排功能存在着本质上的缺陷,从而导致国有商业银行产权制度安排上的缺陷及内部治理的低效率。

3.2.2 我国国有商业银行产权与股权结构的现状分析

中国银行、中国建设银行的股份制改革揭开了国有商业银行改革的序幕,通过股份制改造改变单一股权的结构,完成整个经营模式及经营机制的转变,建立现代商业银行制度及其治理结构和经营机制,争取最终实现现代商业银行最佳运营模式。通过初步改革,中国建设银行的股权结构已发生了根本性的变化(见表3.1),在进一步的股份制改造中,建设银行不仅要考虑进行国家控股,还要考虑扩大股本结构,进行国内企业、居民和外国资本的参股。

表3.1 中国建设银行股份有限公司股东情况(2004年末)

股东名称	出资数额(万元)	股数(万股)	占比
中央汇金投资有限责任公司	16 553 800	16 553 800	85.228%
中国建银投资有限责任公司	2 069 225	2 069 225	10.653%
国家电网公司	300 000	300 000	1.545%
上海宝钢集团公司	300 000	300 000	1.545%
中国长江电力股份有限公司	200 000	200 000	1.030%
总计	19 423 025	19 423 025	100%

资料来源:《中国建设银行年报》(2004)

经过近10年的改革,传统意义上的国有商业银行也都实现了股权结构的根本性变化,国有商业银行均实现了从国有股一股独大向股权结构多元化的转变。国有商业银行股东情况见表3.2～表3.6。

表3.2 中国工商银行股份有限公司股东情况(2012年末)

股东名称	持有限售股数(股)	占限售股本比例
中央汇金投资有限责任公司	123 965 210 282	35.5%
中华人民共和国财政部	123 316 451 864	35.3%
香港中央结算(代理人)有限公司	86 011 832 362	24.6%
中国平安人寿保险股份有限公司	2 806 269 049	0.8%
工银瑞信基金公司—工行	1 053 190 083	0.3%
安邦保险集团股份有限公司	544 890 787	0.2%
中国人寿保险股份有限公司—传统—普通保险产品	494 912 641	0.1%
生命人寿保险股份有限公司—传统—普通保险产品	386 771 556	0.1%
中国人寿保险股份有限公司—分红—个人分红	374 415 643	0.1%
中国太平洋保险股份有限公司—传统—普通分红	283 287 898	0.1%

资料来源:《中国工商银行年报》(2012)

表 3.3　中国银行股份有限公司股东情况(2012 年末)

股东名称	持有限售股数(股)	占限售股本比例
中央汇金投资有限责任公司	189 052 193 085	67.72%
香港中央结算(代理人)有限公司	81 644 599 295	29.25%
The Bank of Tokyo UFJ	520 357 200	0.19%
中国人寿保险股份有限公司—分红	295 437 114	0.11%
生命人寿保险股份有限公司—分红	165 543 425	0.06%
生命人寿保险股份有限公司—传统	162 383 310	0.06%
神华集团有限责任公司	99 999 900	0.04%
中国铝业公司	99 999 900	0.04%
中国南方电网有限责任公司	90 909 000	0.03%
汇添富上证综合指数证券投资基金	62 950 203	0.02%

资料来源:《中国银行年报》(2012)

表 3.4　中国建设银行股份有限公司股东情况(2012 年末)

股东名称	持有限售股数(股)	占限售股本比例
中央汇金投资有限责任公司	142 590 494 651	57.03%
	444 270 519(A 股)	0.18%
香港中央结算(代理人)有限公司	70 551 277 133	28.22%
淡马锡公司	17 878 670 050	7.15%
国家电网公司	2 895 782 730	1.16%
上海宝钢集团公司	2 000 000 000	0.8%
	318 860 498(A 股)	0.13%
美国银行	2 000 000 000	0.8%
中国平安人寿保险股份有限公司—普通保险产品	1 907 104 725	0.76%
长江电力股份有限公司	1 015 613 000	0.41%
益嘉投资有限责任公司	856 000 000	0.34%
中国平安人寿保险股份有限公司—传统—高利率	593 906 825	0.24%

资料来源:《中国建设银行年报》(2012)

表 3.5　中国农业银行股份有限公司股东情况(2012 年末)

股东名称	股数(股)	占限售股本比例
中央汇金投资有限责任公司	130 612 164 964	40.21%
中华人民共和国财政部	127 361 764 737	39.21%
香港中央结算(代理人)有限公司	29 190 416 430	8.99%
全国社会保障理事会	9 797 058 826	3.02%
中国平安保险有限责任公司	4 489 829 320	1.38%
中国人寿保险有限公司—分红	1 362 193 958	0.42%
社会保障理事基金转持三户	1 325 882 341	0.41%

资料来源:《中国农业银行年报》(2012)

表 3.6　交通银行股份有限公司股东情况(2012年末)

股东名称	持有限售股数(股)	占限售股本比例%
中华人民共和国财政部	2 530 340 780	20.91%
社保基金理事会	1 877 513 451	15.51%
中国平安人寿保险股份公司	705 385 012	5.83%
中国第一汽车集团公司	439 560 439	3.63%
上海海烟投资管理有限公司	439 560 439	3.63%
中国烟草总公司浙江省公司	329 670 329	2.72%
云南红塔集团有限公司	219 780 219	1.82%

资料来源:《交通银行年报》(2012)

就国有商业银行总体来说,我国国有商业银行产权与股权结构仍存在下列问题:

(1) 委托—代理关系复杂

国有商业银行委托代理链过长,作为人格化代表的银行经营者,由于受到政府有关部门的控制,拥有银行法人财产权进行自主经营的权力受到了一定程度上的限制。银行的各项权能也难以在这些链条中的部门间进行具体划分,因此也无法真正界定清楚这些产权主体代表的财产权利与财产责任边界,导致产权边界模糊。

(2) 行政治理色彩浓重

银行财产所有权和各项权能(如经营权、收益权、调拨权等)高度集中,银行所有权与经营权的分离是以行政授权而不是以资产授权为基础,需要接受政策性指令,这为银行带来了浓厚的行政治理色彩,主要表现在:银行各级分支机构既按行政区划设置,又享有相应级别的行政待遇;银行行长是行政官员,而不是由内部选举或公开招聘产生的职业银行家;国有银行除承担经济性职能外,还要承担一定的政策性职能。产权结构的一元化和行政性联系在一起,容易形成债务软约束,导致大量不良贷款的产生。

(3) 人力资本产权缺失,剩余控制权与剩余索取权错位

国有商业银行的产权制度带有明显的行政治理色彩,国有商业银行经理层(行长)是由行政任命而非市场机制选拔的,由此导致人力资本产权制度的缺失。人力资本产权所有者根本没有得到其相应的人力资本产权的权能及其对等的分配。国有商业银行经理层拥有实际的剩余控制权(对国有银行资源使用的投票权、支配权、决策权),却基本上没有相对应的剩余索取权。剩余控制权与剩余索取权的不对称导致国有银行内部廉价投票权的普遍存在,国有银行内部不同层次的经理层掌握的剩余控制权沦为"廉价投票权"[127]。

3.2.3　产权与股权结构发展启示

发展背景不同导致国家之间商业银行的产权制度安排和产权结构有很大的差别。但是,综观全球银行业的发展,结合我国国有商业银行改革发展的实践,各国国有商业银行的发展有着相似之处,特别是发达国家国有商业银行成功发展的经验可以为我国国有商业银行的产权改革提供借鉴。

(1) 不同背景下国有银行产权深化改革的具体方式应有所差别

产权的合理配置能够较大程度地调动银行各个方面的积极性,有效降低商业银行的交易费用,提高商业银行的资源配置效率。我国国有商业银行应该积极寻找国有股配置的多种形式,保持股权"国有"性质不变的前提下,通过产权流通、股权置换等多种形式,多方引入国有机构投资者[128],促进股权多元化。

(2) 人力资本产权应该予以体现

随着人力资本在现代商业银行中发挥越来越重要的作用,人力资本产权在国有商业银行的产权配置中应予以体现并赋予其实现机制,具体体现在管理者持股和员工持股两个方面。相对一般企业而言,银行的特殊性决定了银行的人力资本权能的发挥较一般企业影响力更大,应避免人为创造寻租机会或产生错误激励,用市场方法培育人力资本产权的配套改革。国外的商业银行管理者的激励性报酬占很大的比重,如延期支付的奖金、股票期权等,管理层持股成为其重要的人力资本产权激励方式。银行员工持股比例较一般企业偏高,特别是德国银行员工持股比例一般都在20%~25%左右。

(3) 积极发展机构投资者

机构投资者和个人投资者是银行的重要股东,积极发展机构投资者、引入战略投资者是保证国有银行改革和发展的关键,机构投资者对银行重大事项的决策起着决定性作用。在机构投资者中,银行之间相互持股、银行与企业交叉持股相当普遍。通过适当的机构投资者,政府既能实现对国有产权的控制,又能保证股份制改造的顺利完成。

3.3 国有商业银行人力资本产权配置

产权是由社会强制执行的对资源的多种用途进行选择的权利[129],是受到国家法律、法规保护的排他的占有权、使用权、收益权和处置权的总和。与此相对应,人力资本产权则是在企业契约和国家法规的约束条件下,人力资本所有者拥有的一种特殊产权权利束,是一种由于人力资本所有者使用其拥有的人力资本而引起的受损或受益的权利,是人力资本所有者在权利界限范围内的行为权。具体到现代企业产权的角度来分析,人力资本产权特指人力资本所有者拥有的对企业剩余控制和剩余索取的权利。

3.3.1 人力资本产权的特性

人力资本产权作为一种产权形态,是产权主体对人力资本的占有、支配、控制、收益、处置等一组权力束,人力资本产权的特性最终是由人力资本的特性所决定的。

(1) 人力资本的特性

人力资本是一种特殊的资本,人力资本价值的实现取决于人力资本主体作用的发挥。与物质资本相比,人力资本除了具有资本的一般性质以外,还具有人力资本主体的主观能动性、人力资本与其载体的不可分性以及人力资本价值的难测度性等特性。

① 人力资本主体具有主观能动性

人力资本作用的大小与发挥程度都受到其载体——个人所控制,与个人的主观努力密不可分,并直接影响到经济绩效的好坏。不管是强制性的还是非强制性的支配和使用,人力资本都要受到人力资本所有者的主观制约。因此,只有归属人力资本产权本身的权利,才能真正发挥人力资本产权的激励功能。

② 人力资本与其载体具有不可分性

人力资本是指通过教育、培训、卫生保健等投资形成的体现在人身上的健康、知识、经验、技能和智力的总和。这就决定了人力资本与其载体——人力资本所有者具有天然的密不可分性,人力资本所有者自然就成为人力资本产权的合法主体。人力资本所有者经过个人的努力,在契约期内应该拥有这部分人力资本所拥有的控制权和相应的索取权,从而实现自身所拥有的人力资本产权。

③ 人力资本价值的难测度性

人力资本具有异质性,因此很难找到一个普遍认同的标准来度量人力资本的真实价值。由于信息不对称,人力资本所有者的主观能动性事实上控制着人力资本的发挥程度,外部监管者很难准确判断出人力资本所有者的实际努力程度,这就要求对人力资本产权主体采取本质上的激励与约束,从制度安排上保障人力资本产权主体的权利得以实现,并能够对自己的行为负责。

(2) 人力资本产权的特性

人力资本产权既具有排他性、可交易性、部分可分解性等物质资本产权的一般性质,又具有主动性、专用性和专有性、团队性、交易的不完全性等与人力资本特殊性相对应的特性。

① 主动性

人力资本产权主体的承载者是具有主观能动性的个人,个体的意志和行为都对人力资本产权的各种关系和实现过程产生重要影响。与物质资本产权不同,人力资本产权特别是经营者人力资本产权的主体会直接影响甚至决定着人力资本的权能发挥和人力资本的价值实现。在不同的激励条件下,经营者的人力资本产权所有者掌握的知识和技能具有超边际特征[130]决定人力资本产权的投入选择有所不同。人力资本产权主体作用的发挥势必影响物质资本效能的发挥,人力资本产权的主动性决定了人力资本与物质资本共同作用的效用。

② 专用性和专有性

"资产专用性"是指资产具有这样一种性质,即该资产在用于特定用途以后,很难再移作他用[131]。人力资本的专用性是指工作中有些人才具有某种专门技术、工作技巧或拥有某些特定信息[132],职工在一定时限内拥有的部分天赋和经由学习与培训所获的知识积累与技能,只能专用于其当前所在的公司,而不能卖到他处,即职工现有人力资本的性质及存量仅对其当前所在的公司具有特殊的使用价值[133]。在某一领域很有价值的人力资本一旦转移到另一个不相关的领域,很可能就会贬值甚至变得一钱不值。如果专用性的人力资本此时转向他处,职工在其他公司所能支配的生产率与工资将远远低于其人力资本专用化所在公司的水平[134]。专用性投资一旦做出,准租金随即产生,即机会主义行为可能获得的收益增加[135]。

专有性资本是指一些资本一旦从企业中退出,将导致企业团体生产力下降、组织租金减少甚至企业组织解体;或者说,专有性资产是一个企业或者组织的发生、存在和发展的基础,它们的参与状况直接影响到组织租金的大小或其他团队成员的价值[20]。人力资本产权专用性的劳动形态,使得人力资本投资成为一项"沉没"成本,一旦移作它用,往往成为"沉没"资产,其内在的价值就大大受损。人力资本产权专有性的劳动形态,又使其所有者经常处于一个近似的卖方垄断市场上,离职对企业形成一种重要的约束。

③ 团队性

人力资本的团队性是指人力资本作用的发挥取决于协作、取决于团队的生产效率。企业是一种典型的以团队生产为特征的经济组织,社会分工的日益细化加速了社会协作。协作能够产生"1+1>2"的效果,团队生产会产生一种特殊的生产力。人力资本所有者离开协作,脱离团队生产,企业的生产力就可能受到破坏,人力资本的价值也会大打折扣,从而形成特定的约束。以人力资本为主要投入的生产具备了这种团队生产特征后,就意味着专用性的人力资本很难从团队中分离出来,单个人力资本投入很难从最终产出中计量出来,从而导致人力资本价值测量的难题。

④ 交易的不完全性

人力资本产权交易过程中,人力资本所有权无法转移,转移的只是人力资本的支配权和使用权,这是由人力资本本身的特点所决定的。物力资本产权在交易过程完成后可以独立于所有者之外,由经营者自主行使占有权、支配权、使用权和处置权等权利;人力资本产权在分解为所有者产权和经营者产权后,仍不能离开其载体而独立存在,转移的只是部分使用权和支配权。人力资本载体的意志和行为等因素对人力资本在何时、何地以及采取何种方式支配和使用等方面产生重大影响[136]。人力资本的异质性使得人力资本产权交易契约的不完全性加剧,交易内容的不完全性和交易契约的不完全性并存。

从人力资本及人力资本产权的特征可以看出,要实现人力资本价值的最大发挥,就必须从制度安排上保障人力资本产权,赋予人力资本对等的产权权能、产权权益、产权权责,使其拥有相对应的企业剩余控制权和剩余索取权,进而推进公司治理结构的改善。

3.3.2 国有商业银行企业家人力资本的产权配置现状

人力资本包括企业家人力资本和一般员工的人力资本。企业家人力资本是在与本企业有关的环境中,通过长期的实践而形成的与本企业有关的知识和处理本企业不确定性的能力。与一般人力资本相比,国有商业银行的企业家人力资本具有极强的专用性和非流动性,只能在很有限的范围内活动。专用性和非流动性的存在使企业家人力资本产权性质更加突出,风险承担机制保证了企业家拥有剩余控制权与剩余索取权的基础。本书研究的范围仅限于国有商业银行企业家人力资本产权①的配置。

---

① 鉴于国内尚未存在真正的银行家市场,此处对国有商业银行企业家人力资本产权的研究主要是通过经营者人力资本产权的研究进行的。

(1) 企业家人力资本剩余控制权的配置

① 企业家人力资本已经享有较充分的企业剩余控制权

在所有权与控制权分离的情况下,国有企业经营管理者掌握了很大的决策权。中国企业家调查系统对中国企业家成长与发展跟踪调查(2013)表明,11.2%的国有及国有控股企业的经营者认为地方政府干预过多是当前企业经营发展中遇到的最主要困难,而同期仅有2.0%的外商及港澳台企业的经营者和6.1%的民营企业的经营者认为地方政府干预过多是当前企业经营发展中遇到的最主要困难。

但是国有商业银行不同于一般的国有及国有控股企业,银行业的特殊性促使行长、各级经理层和位于国有资产委托—代理链中间层的政府官员拥有相应的剩余控制权。近期国有商业银行暴露出的严重的内部人控制问题说明国有商业银行经营者拥有相当充分的企业剩余控制权。特别是随着国有商业银行的改革,在经营自主权、经营决策权方面,国有商业银行企业家人力资本已经享有较充分的企业剩余控制权。

② 企业家人力资本剩余控制权具有一定的行政干预性

国家虽然赋予了国有商业银行各级经理人员广泛的控制权,甚至下放了部分所有者权利,但国家从行政口径控制着国有商业银行经理人员的任免,这种"人事控制"的行政干预性会直接或间接影响到经理人员剩余控制权的行使,并导向其最终的经营行为。

国有商业银行决策层主要人员,尤其是总行行长的配置,是由委托人选派的政府官员,而不是通过经理市场选拔的。因此,我国国有商业银行经营者面临双重激励[124]:货币化激励和行政级别激励,其目标函数中自然包括行政级别因素。当货币化激励与行政激励两者发生矛盾时,经营者可能面临要么经营好银行、要么丢失其经营者职位的选择,而这种选择的结果对于任何一个理性的经济人来说都是不言而喻的。因此,企业家人力资本剩余控制权的价值取向和行动标向也往往受到相应的行政干预性影响。

③ 企业家人力资本剩余控制权存在侵权行为

内部人控制概念揭示,在经济转轨过程中,国有企业经理人或工人,即内部人往往会获得对本企业相当大控制权的企业现象[150]。国有商业银行处于转轨时期,有效的公司治理结构尚未建立,放权的同时必然会出现内部人控制现象。企业家人力资本的控制权得不到有效监督和制约,凭借内部人优势,按自己意志支配国家财产,在经营活动中体现自身的利益、甚至合谋架空所有者的控制和监督,损害所有者的权益,产生侵权行为。

商业银行这种侵权行为突出表现在[127]:过度的在职消费,如公款吃喝、公款旅游等;信息披露不规范、不及时、不真实,对经营信息随意进行"技术处理",甚至对重大经营活动不作出应有的报告和解释;短期行为严重,不考虑企业的长期利益和发展,严重损害所有者的利益;转移和侵吞国有资产,在重大项目上利用"内部人控制"优势弄虚作假、操纵财务信息。

(2) 剩余索取权的配置

① 企业家人力资本基本不享有剩余索取权

我国国有商业银行总经理的正常收入部分是按国家的工资政策实行固定工资制,国有商业银行利润完成情况与总经理的收入没有直接关系。企业家报酬与企业的效益基本不相关使得企业家人力资本基本不享有剩余索取权。国有商业银行企业家报酬与人力资本贡献相差甚远,有形收入长期偏低,薪酬体系以短期激励为主、长期激励为辅。从收入结构上看,年薪制和工资激励等短期激励是对经营者努力的主要激励形式,缺乏与企业长期利益相适应的股权、期权等长期激励方式,人力资本收益权的薪酬结构不合理、形式较为单一。

企业家人力资本产权中的剩余索取权残缺导致企业家利用不合理或非法手段获取产权收益,高管人员注重隐性收入、灰色收入,其后果就是出现"在职消费""五十九岁现象""国有资产大量流失"等问题。可见,建立以企业家人力资本剩余索取权为基础的报酬激励制度已成为国有商业银行改革的当务之急。

② 企业家人力资本剩余索取权虚化

国有商业银行企业家人力资本剩余索取权虚化是指剩余索取权无法与相应的剩余控制权相对应,这可以从国有商业银行经营者追求的经营目标中看出:每一级代理人追求的往往是政治权力的增加,追求政治性人力资本价值最大化,即个人的政治升迁而非经济价值最大化。

国有商业银行经营者人力资本拥有相当的剩余控制权,却基本不享有剩余索取权,具体表现为剩余索取权虚化为剩余控制权的收益。剩余控制权的收益[25,27,153]包括拥有企业剩余控制权而带来的通向行政仕途的便捷通道、在职消费、成就感、权利欲的满足等。剩余索取权虚化导致经营者必须长期持有控制权才能享有剩余索取权的虚化收益,这直接导致了经营者由于害怕失去它而反对企业被兼并、把大量精力用于内部权力斗争而不是生产经营[27,153]。

国有商业银行企业家人力资本剩余索取权虚化与国有商业银行多重委托代理链所对应的多目标性相一致,但同时也导致激励—约束机制的行政性倾向,高级官员的价值取向使得工作动力带有"他动"的消极性。人力资本剩余索取权虚化还导致总行对分行的管理、分行对支行的管理均带有奉命行事的特点,失去了剩余索取权本身的激励约束作用。

3.3.3 国有商业银行人力资本产权配置的优化

剩余控制权和剩余索取权对称配置是实现帕累托最优的必然要求,剩余索取权残缺容易促使国有商业银行企业家隐藏人力资本或滥用剩余控制权,通过人力资本所有者与物质资本所有者之间不断博弈获得相应的剩余索取权,促进国有商业银行整体结构优化。

在此借用杨瑞龙、周业安模型[37]加以说明。

假定条件:①假定 t_0 期存在两类产权主体——非人力资本所有者 S(或称雇主)与人力资本所有者 H(或称雇员),S 一次性投入资本并雇佣 H 从而组成一个初始契约。②假定存在一个最优契约 $C^*(\pi^*, \omega^*)$,其中 π^* 和 ω^* 分别代表雇主与雇员通过理性预期而分享的企业所有权份额。③假定信息分布是不对称的,雇主拥有市场信息优势。

T_0 期 S 与 H 之间展开产权博弈,达成的初始契约为 $C_0(\pi^0, \omega^0)$。由于 S 拥有信息优势,且 H 的人力资本价值被低估,必然会出现:

$$\pi_0 > \frac{\pi^*}{\pi^* + \omega^*} \cdot (\pi_0 + \omega_0); \quad \omega_0 < \frac{\omega^*}{\pi^* + \omega^*} \cdot (\pi_0 + \omega_0)$$

假定在 t_0 期开始执行契约 C_0，雇员 H 在 t_1 期投入了专用性人力资本，内部劳动力市场能有效显示 H 的人力资本，雇员开始占有部分信息并开始选择他的努力程度，人力资本价值的谈判力提高，于是雇主 S 开始让雇员 H 分享一部分企业剩余索取权与剩余控制权。因此，当 t_1 期结束时，S 和 H 重新谈判达成新的剩余产权契约 $C_1(\pi_1, \omega_1)$，从而有：

$$\frac{\pi^*}{\pi^* + \omega^*} \cdot (\pi_1 + \omega_1) < \pi_1 < \frac{\pi_0}{\pi_0 + \omega_0} \cdot (\pi_1 + \omega_1)$$

$$\frac{\omega_0}{\pi_0 + \omega_0} \cdot (\pi_1 + \omega_1) < \omega_1 < \frac{\omega^*}{\pi^* + \omega^*} \cdot (\pi_1 + \omega_1)$$

经过 S 和 H 的多次重复谈判，在第 n 期，企业剩余产权的最优配置可以实现：

$$\frac{\pi_n}{\pi_n + \omega_n} = \frac{\pi^*}{\pi^* + \omega^*}; \quad \frac{\omega_n}{\pi_n + \omega_n} = \frac{\omega^*}{\pi^* + \omega^*}$$

实际上，人力资本与非人力资本产权主体的重复博弈过程就是人力资本分享企业剩余改善的过程。这可以用图 3.3 表示：

其中，PP 表示生产可能性曲线；X、Y 表示人力资本与非人力资本两种不同的资源；U_1、U_2、U_3 代表 3 组因资本配置效率不同而带来的企业效用水平。

人力资本与非人力资本谈判的结果是图 3.3 中 $U_1 \rightarrow U_2 \rightarrow U_3$ 的逐步推进过程。公司治理结构中，激励机制的引入可以使生产可能性曲线内的 A 点扩大到生产可能性曲线上的 B 点，B 点在更高的效用曲线 U_2 上，由此，$A \rightarrow B$ 是一个帕累托改善的过程，但

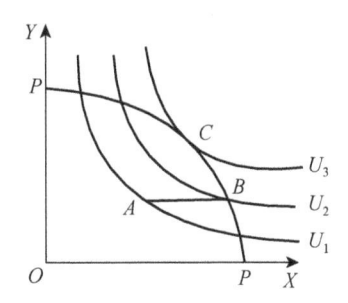

图 3.3　人力资本分享企业剩余

是仅凭激励是无法达到帕累托最优状态的，只有从根本上实施人力资本产权化，实现人力资本与非人力资本的最佳博弈均衡，即实现剩余控制权与剩余索取权的对称配置，才能实现曲线中 B 点到 C 点的转换，也即帕累托最优状态的实现，从而促进公司治理最优目标的实现——资源的最佳配置及公司的最有效运行。

由上述分析可知，要实现企业家这种特殊人力资本的最优配置，国有商业银行必须赋予其相对应的人力资本产权，使得剩余控制权和剩余索取权对称配置，才能充分发挥企业家的人力资本权能，提高国有商业银行的整体效率。

3.4　国有商业银行产权配置下的经营者行为模式选择

国有商业银行改革的实质就是产权配置、政府与银行就经营决策权（控制权）和剩余收益分配权的博弈过程。上一节简单分析了物质资本所有者和人力资本所有者博弈的最

终结果应该是剩余控制权与剩余索取权的对称配置。事实上,货币报酬和控制权所产生的职位消费之间具有替代性,企业家的工资收入可以很低,只要能保证较高的职位消费,职业企业家的角色仍是非常具有吸引力的[138]。在国有商业银行中,政府作为委托人与银行经营者作为代理人构成一对策略互动主体,互相研究对方的策略并做出自己效用最大化的决策。

3.4.1　产权、控制权下的企业家行为模式选择

银行的资源状况、人力资本中企业家的经营管理决策能力及企业家的努力程度是决定国有商业银行生存发展的重要影响因素。企业家在选择行为模式时会以效用最大化为标准衡量来决定他是否付出努力:在一定时期的制度安排下,如果努力工作的行为会促使经营者达到效用最大化,他就会选择努力工作,同时在主客观上提高国有商业银行的业绩;反之,如果偷懒、渎职等行为能实现期望效用最大化,经营者会选择偷懒,甚至渎职,从而影响国有商业银行的业绩和发展。

在国有商业银行现有的产权、控制权配置下,国有商业银行经营者拥有相当充分的企业剩余控制权,却没有相对应的剩余索取权,经济性约束影响不大,但行政性约束会对商业银行经营者的企业家行为模式选择产生重要影响,成为国有商业银行相对于一般银行和企业而言的特殊约束。

(1) 特殊激励约束条件

对于国有商业银行的现状分析表明:在现有产权和控制权的激励相容约束条件下,国有商业银行的经营者一般不拥有对生产成果的直接剩余索取权,但控制权取得的约束极为明显。控制权的取得主要是通过行政配置,作为间接剩余索取权的行政升迁制能够对国有商业银行的经营者形成必要的激励约束。政府可以通过行政配置(升迁、降级、开除等)来保证国有商业银行经营者按照委托人的意愿行事,从而达到特殊状态下政府满足其代理人要求的激励约束相容条件。

(2) 基本条件假设

制度是"一系列被制定出来的规则、守法程序和行为的道德伦理规范,它旨在约束追求主体福利或效用最大化利益的个人行为"(North,1981)[139]。遵循经济学的一般规律,结合转轨时期的制度安排,做如下假设:

① 经济人假设

按一般的人性假设,将银行经营者界定为"有限理性的经济人"。那么,他们的行为模式主要取决于该项行为预期可能产生的经济后果,按照效用最大化的原则选择自己的行为模式。

② 信息不对称

所有者拥有市场信息优势,而经营者拥有内部信息优势,所有者无法观察到经营者的经营能力和努力程度,只可以观察到银行的收入水平。总的来说,经营者占有信息优势。

③ 机会主义倾向

由于受到一些超过经营者控制范围的主客观条件和随机事件的影响,特别是转轨时期这种不确定性的加大导致了银行最终经营收入的不确定。经济人效用最大化假设和信息不对称的实际存在使得经营者在做决策时产生机会主义行为,且这种行为会损害银行或者他人的利益。

④ 经营者激励约束受到行政性影响

经营者的激励约束除了受到努力程度的影响之外,还受行政干预因素的影响,由于客观不确定性的影响,经营者的行政性升迁会受到一定的影响。假设经营者渎职行为被发现查处的概率为 P_1,经营者采取偷懒行为和努力行为而被查处的概率分别是 P_2、P_3。

⑤ 经营者效用可量化

经营者效用可量化为具体的收入函数,正常状态下量化后的总收入 Q 由三部分构成:固定工资收入 w、机会主义行为收入 Y 和企业剩余分享 rE。其中,r 代表根据企业业绩经营者可分享的企业剩余比例,E 为可分享的企业剩余,Y 为经营者因偷懒而带来的闲暇、在职消费、谋取私利等效用。

遵循上述基本条件假设,国有商业银行经营者按照个人理性进行自身的行为模式选择,进而影响国有商业银行的绩效。

(3) 企业家行为模式选择

国有商业银行经营者的企业家行为主要有渎职、不渎职两种选择,其中不渎职又可分为努力工作和偷懒两种选择。在特有的行政性激励约束制度下,经营者在个人理性的前提下进行企业家的行为模式选择,图 3.4 的决策树示意图表明在给定的激励约束机制的条件下企业家行为模式的逻辑选择。与此同时,所有者也在与经营者进行博弈互动,这种动态博弈过程能够推进国有商业银行效率的帕累托改进,是国有商业银行公司治理结构优化的过程。

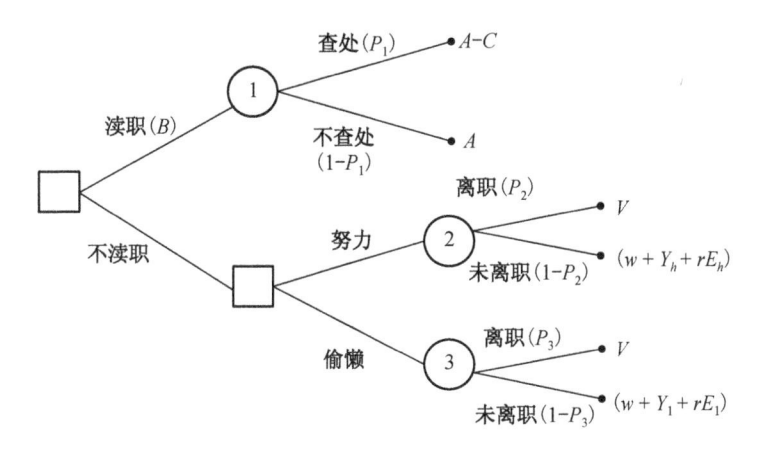

图 3.4 企业家行为模式选择决策树示意图

企业家行为模式选择决策树反映出企业家行为选择的过程及最终的选择结果:对于一个理性的职业企业家而言,是否选择渎职行为,取决于其渎职行为的期望效用或收益是否大于非渎职行为的期望效用[138]。根据各原始点的损益值分析国有商业银行经营者的期望效用,图3.4中各分支点结点的损益期望值如下:

$$EU_1 = P_1(AC) + (1-P_1)A - B = A - P_1C - B \tag{3.1}$$

$$EU_2 = P_2V + (1-P_2)(w + Y_h + rE_h) \tag{3.2}$$

$$EU_3 = P_3V + (1-P_3)(w + Y_l + rE_l) \tag{3.3}$$

EU_1是企业家渎职的期望效用,从式(3.1)可以看出,A、B、C不变的情况下,查处概率P_1增大,企业家渎职的期望效用减小,这表明增大查处概率可以减小企业家渎职的行为,健全的监督体系是十分必要的。给予国有商业银行经营者以适量的股权,形成自己监督自己的格局,使P_1趋向于1,可以从根本上完善监督体系。当不渎职的期望效用大于渎职的期望效用时,企业家的行为模式选择决策树中可以将渎职方案的"分支"剪掉,从而进行不渎职行为下"努力"与"偷懒"的行为选择。

当$EU_2 > EU_3$时,经营者会选择努力的行为模式;反之,经营者会选择偷懒的行为模式。$EU_2 > EU_3$的实现,主要取决于企业激励约束机制、收入分配制度及监督体系的组合。激励约束机制对V、Y产生影响,收入分配制度对w、r产生影响,监督体系对P_2、P_3产生影响,这些因素综合作用并影响E。其中,Y又直接影响到可分享的企业剩余E,增大E减少Y是国有商业银行最佳的选择。赋予国有商业银行经营者人力资本产权可以改变委托代理中的道德风险,从根本上实现Y与E之间的转换,即减小Y增加E来实现国有商业银行的价值最大化。

3.4.2 国有商业银行企业家行为模式选择的经济学分析

(1) 风险偏好分析

在相同的效用水平下,不同的制度会使国有商业银行经营者的风险偏好不同。图3.5可以解释转轨时期国有商业银行经营者的风险偏好行为[140]。横轴OW表示国有商业银行经营者从事经营决策时企业家行为的期望效用,纵轴上方OP表示国有商业银行的所有者收益,纵轴下方OR表示风险程度。

在WOP区中,PP表示生产可能性曲线,d_1和d_2为无差异曲线,则PP生产可能性曲线与无差异曲线d_1的切点e_1为企业家行为的期望效用与企业利润最大化的结合点。经营者的行为模式选择对银行的利润产生影响:经营者的期望效用同为OW_1时,行为选择的结果e_1与e_2不同,企业的利润从OP_1降为OP_2。

在WOR区中,OM线表示企业家效用和企业风险之间的正相关关系。不同阶段经营者的风险态度不同:在Om_1段,经营者是"风险厌恶"的,为了保住自己的职

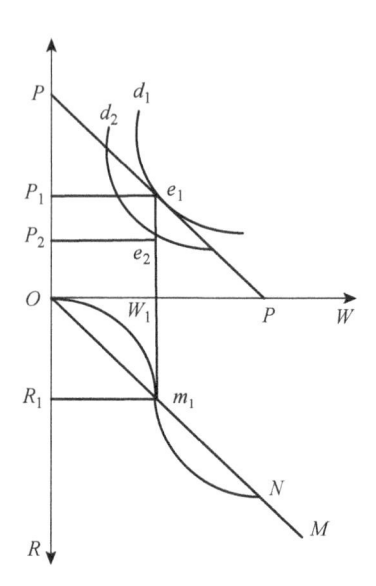

图 3.5 转轨经济中国有商业银行经营者的风险偏好行为

位及得到相应的期望报酬而保守行事,行为选择往往是"不求有功,但求无过";在 m_1N 段,经营者是"风险偏好"的,往往通过盲目扩张银行规模来增加自己的效用。

我国国有商业银行正处在转轨时期,在 WOP 区,赋予经营者以人力资本产权,可以推动等效用曲线右移,切点 e_1 更容易出现在现实的经营活动中,有助于经营者和企业利润双赢目标的实现。在 WOR 区,由于我国国有商业银行未引入竞争机制,企业家竞聘机制也不存在,经营者被替代的可能性也很小。控制权受到的约束很少,控制权激励起了很大的作用,商业银行经营者更倾向于选择 m_1N 段的风险偏好行为,具体表现为盲目扩大银行的信贷规模,注重量的扩张而忽视质的影响,选择行为模式时通过政绩方面的影响来增加自己的期望效用。

(2) 产权、控制权分析

在现实的公司治理中,激励约束的制度安排表现为股东大会、董事会、监事会和经理人员之间的权力分配和相互制衡关系并构成了公司治理结构的核心内容,产权、控制权则是联系公司治理结构各部分的纽带。公司法人治理结构的实质是一套通过对企业家控制权的动态调整来实现对企业家激励约束的决策机制[141]。委托—代理关系下的两权分离是企业家激励约束问题产生的前提,企业家获得经营控制权是特定产权制度下国有商业银行公司治理结构的内在制度形式。企业家的货币报酬和非货币报酬是对企业家运用经营控制权成果的回报。

阿洪和泰勒尔通过建立委托—代理模型,证明了这样的观点:"在一个组织中,虽然正式权力的授权会使委托人在一定程度上丧失控制权,但可促进代理人的踊跃参与,又可激励他们收集、提供有价值信息的积极性,有利于组织目标的实现,而集权会严重影响组织中信息沟通的质量,不利于组织效率的提高。"[142]控制权激励约束机制是一种通过授予经营者特定控制权以及选择对授权的制约程度而进行激励约束的机制,它通过控制权回报这种特定的激励方式既可以满足企业家自我实现的精神需要,又可以满足职位消费等相应的物质需要。授权而产生两权分理在促进管理效率的同时也引发了委托代理激励的问题,现有的产权模式和分配方式导致经营者灰色收入过大、"五十九岁现象""该给的没给,不该拿的拿了"等现象时有发生。股份制改革的过程中,国有资产、行业资产、个人投资者的资产都以股份形式集中于银行内部,银行资源的控制权在事实上属于直接的经营者,而经营利润和风险损失由银行所有者承担,这使得经营者更倾向于冒险行为,因为这种行为一旦成功即可得到行政激励。除政策性因素影响外,国有商业银行的大量呆坏账的根源也在于此。面对国有商业银行创新时,经营者又因害怕失去控制权而倾向于保守行为。这种经营者行为的双向性表明产权与控制权的配置问题是国有商业银行公司治理中所必须关注的问题。

(3) 人力资本产权分析

国有商业银行产权制度改革的实质是要改变国家在国有商业银行中的产权地位,放弃一些产权控制,沿着市场化的改革方向前进。在原有的产权制度基础上,引入人力资本产权的理念,并按照相应的企业家才能赋予经营者相对应的人力资本产权。这既是国有银行制度变迁过程中的关键环节,又直接关系到国有商业银行能否在激烈的竞争中立足。

由于现有产权制度下人力资本产权的缺失,国有企业中经营者普遍认为自己尚未完全得到回报且满意程度低,而国有商业银行经营者的这一满意度更低。

中国企业家调查系统20年的追踪调查(1993—2013)显示,从企业家队伍人力资本的数量和质量方面来看,企业家评价企业家队伍时,认为企业家队伍的数量"非常充足"或"比较充足"的占32.2%,"一般"的占32.8%,"比较缺乏"或"非常缺乏"的占35%,总体评价值为2.97(5分制),明显高于2002年的调查结果,但仍低于中值3;企业家队伍的素质"非常高"或"比较高"的占15.6%,"一般"的占56.7%,"比较低"或"非常低"的占27.7%,总体评价值为2.87,要高于2002年的调查结果,但仍低于中值3(见表3.7)[1]。总体来看,企业家的数量和素质都在增加。2013年的调查结果还显示:企业家的文化程度、专业背景和职业身份的获取方式都发生了较大变化。从文化程度看,大学本科及以上学历的企业家从1993年的33.9%,上升到2013年的45.2%,提高了11.3个百分点。同时,经济与管理类专业背景的人数显著增加,职业身份获取方式的市场化趋势更加明显,表明企业家队伍的职业化水平大大提高。但人力资本的数量和质量方面的调查数据仍低于中值,表明社会经济的发展本身对企业家队伍的要求不断提高,企业家群体能力与素质的提升是一个长期的过程。这种人力资本培育与提升的过程必须涉及到人力资本产权所有者参与收益分配的过程,人力资本所有者除了获得一般的工资性收益外,还应该分享利润收益。

表3.7 对目前中国企业家队伍成长状况的评价(2002年与2013年比较)　　(单位:%)

	非常充足		比较充足		一般		比较缺乏		非常缺乏		评价值	
	2002	2013	2002	2013	2002	2013	2002	2013	2002	2013	2002	2013
企业家队伍的数量	1.7	4.5	11.6	27.7	24.7	32.8	49.4	29.9	12.6	5.1	2.40	2.97
企业家队伍的质量	0.3	0.6	9.8	15.0	49.9	56.7	36.7	25.9	3.3	1.8	2.67	2.87

资料来源:根据《中国企业家成长20年:能力、责任与精神——2013·中国企业家队伍成长二十年调查综合报告》整理。

从人力资本产权的视角来看,引入人力资本产权制度是有效改善当前国有企业经营者人力资本现状的重要制度变迁。随着人力资本产权地位的上升,现代公司制企业实际上成为财务资本和职业企业家知识资本这两种资本及其所有权之间的复杂契约[143]。这为人力资本产权的制定与实施提供了相应的理论基础,特别是对于国有商业银行的特殊性质而言,知识、技术的含量较高,经营者人力资本产权的要求也较一般企业来讲更为强烈。

当前,国有商业银行公司治理改革的关键是产权明晰,国有商业银行经营的主要动力机制是利益制衡机制。人力资本产权制度改革必然使得股东大会、董事会与经营者之间既有利益机制又有制约机制,可以建立以产权关系为纽带、以人力资本产权为杠杆的利益

---

① 资料来源:《中国企业家成长20年:能力、责任与精神——2013·中国企业家队伍成长二十年调查综合报告》。

分配制度。实行人力资本产权改革后,国有商业银行可以统筹兼顾出资者、经营者与劳动者三个方面的利益,银行的高层经营人员由董事会集体决策择优聘用,变他力机制为自力机制的内动力使银行经营者自觉加强管理,各种激励约束机制有了内生制衡的基础,从而实现"自主经营、自负盈亏、自担风险、自求平衡"的经营机制。

3.5 本章小结

从国有商业银行的所有权安排出发,在综合分析商业银行产权发展状况与经济发展关系一般规律的基础上,对国有商业银行的产权与股权结构进行了互动研究,并结合国有商业银行产权配置现状提出了国有商业银行产权与股权结构改革发展的一般思路。沿着产权变革的思路,在国有商业银行人力资本产权配置现状的基础上,研究物质资本产权与人力资本产权的博弈过程,并对国有商业银行经营者人力资本产权进行配置,通过决策树的判断与经营者效用模型的综合分析,提出国有商业银行产权及控制权配置下的经营者行为模式选择。

第四章

人力资本产权激励与国有商业银行公司治理

4.1 人力资本产权激励

4.1.1 人力资本产权特性与公司治理

人力资本产权具有一定的产权制约性,具有主动性、专用性和专有性、团队性、交易的不完全性等与人力资本特殊性相对应的特性。人力资本的产权特性在一定程度上限制了人力资本产权的流动与个性发展,并直接影响到公司治理的权力安排和实现机制。

(1) 主动性与人力资本激励

人力资本产权的主动性影响着人力资本产权的投入选择与人力资本产权的价值实现,人力资本激励通过影响人力资本产权的主动性来影响人力资本与物质资本共同作用产生的效用。有效的激励约束机制的建立可以促进人力资本产权主体的主动性发挥,同时又对人力资本产权权力的使用形成一个约束条件。

(2) 专用性、专有性与机会主义行为

人力资本产权的专用性和专有性是两个相对的概念,两者之间相互作用、相互影响。专用性人力资本的价值依赖于企业团队生产的存在,专用性资产准租金的存在使人力资本容易受到物质资本机会主义行为的剥削;专有性人力资本则被团队其他成员所依赖,处于谈判的主动地位,又会导致人力资本机会主义行为的产生。

(3) 不完全性与控制权

人力资本产权的不完全性使人力资本具有行为的不确定性和产出的不确定性,加上人力资本产权本身的排他性、部分可分解性等特征,都给人力资本的直接计量和定价带来了一定的难度。剩余控制权的配置问题作为一种补充定价,可以通过人力资本所有者所分享的企业剩余体现人力资本的间接价格,是一种有效的综合平衡方式。

人力资本产权的主动性、专用性和专有性及不完全性的特性给企业治理分别带来人力资本激励、防止机会主义行为和控制权问题等挑战,而解决的有效方法就是企业剩余索取权和控制权的对称配置,这也正是国有商业银行改革过程中的企业治理新视角。企业人力资本产权特征与公司治理关系如图4.1所示:

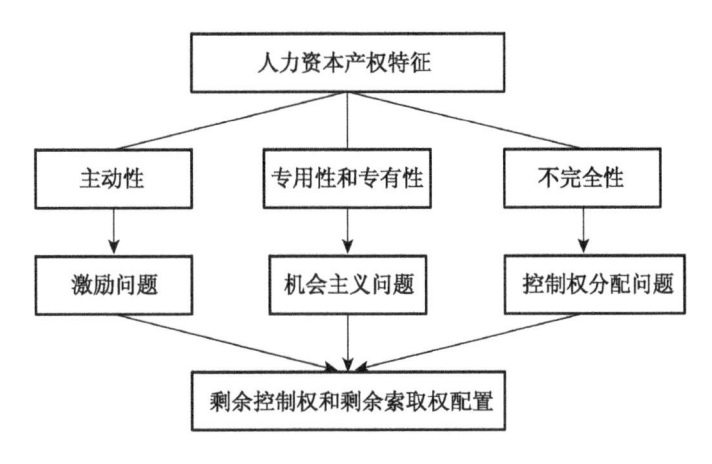

图 4.1 人力资本产权特征与公司治理

4.1.2 人力资本产权激励

现代企业发展的关键问题是解决公司治理结构中的权力制衡问题,即代理过程中如何设计激励约束机制。在治理结构完善的公司中,必然有精心设计的激励机制,用以协调所有者和经营者之间的关系[144]。使经营者动机和所有者动机相一致是减轻甚至解决代理问题的根本,赋予经营者人力资本以产权能够有效地将经营者的代理人动机转变为所有者动机。人力资本产权制度作为一种他力机制与自力机制相结合的制度,是解决和完善公司治理问题的最有效的方式之一,人力资本产权激励机制的设计也就成为银行治理中极为重要的问题。尽管理论界把人力资本产权作为一个重要的激励方式提出来,但是目前还没有一个完善的人力资本产权激励理论体系。委托—代理理论是人力资本产权激励理论产生的前提,人力资本产权理论和激励理论是其相关的理论研究基础。

经济学的激励理论侧重于如何设计一套有效的机制或合同来激励代理人的积极性,分别从代理理论、交易费用理论、人事管理经济学理论等内部及外部角度分析企业的激励问题,具体可以概括为四个方面。

(1) 团队生产与激励

阿尔钦和德姆塞茨(1972)提出了"团队生产"理论,认为:企业本质上是"团队生产",其产出是各个成员共同努力的结果。在这样一个团队里不能分辨出每个成员的边际产品贡献,这就会导致偷懒问题,从而影响整个团队的产出,因此需要监督者检查团队成员的投入行为。在隐含知识和能力难以监督的前提下,监督是否有效也存在问题。监督者的行为很难被团队成员所监控,特别是监督者的监督责任心和效率问题又会导致"监督监督者"问题。在约束条件下通过激励来实现企业效率和个人效用的最大化问题,最有效的手段是让监督者得到额外的激励,得到剩余索取权[19]。

(2) 委托—代理理论与激励

作为现代契约理论的分支之一,委托—代理理论所引发的道德风险问题是研究经营者激励机制问题的主流。信息不对称是委托—代理理论的出发点和契约设计的基本动因,信息不对称下的委托—代理关系的存在使委托人与代理人之间必然出现目标不相容的问题,而委托人很难对代理人的行为完全监控。物质资本所有者委托经营者行使管理和监督职能,经营者进一步委托下级员工完成各项工作,企业中存在多层委托—代理关系。为了使各方的目标取向趋于一致,委托人需要选择一些可以观测的产出指标对代理人进行奖惩,并以此为依据激励代理人选择对委托人最有利的行动和决策。

(3) 锦标赛理论与激励

锦标赛理论是人事管理经济学理论的核心研究问题之一,是在代理理论的基础上提出的,主张企业通过晋升来激励员工。该理论认为:与既定晋升相联系的工资增长幅度,会影响到位于该工作等级以下的员工的积极性;在锦标赛制度的激励作用下,员工有动力为获得晋升而尽最大努力工作[145]。研究表明,当存在相同的业绩评价标准和很多代理人时,锦标赛制度在缓和代理问题方面的作用优于其他形式的激励制度[145-146]。锦标赛激励制度特别适用于代理人的努力不可观察和所有代理人的业绩都有一个相同评价标准的情形[147]。锦标赛理论把激励理论与职业生涯发展相结合,为我国当前国有企业及国有商业银行的行政型治理改革提供了经营者激励的理论基础和依据。

(4) 人力资本产权与激励

随着人力资本作用的增强,人们对资本概念的理解不断深化,Rajan 和 Zingales(2000)认为,人力资本在公司中的作用越来越重要,是企业价值的重要源泉,讨论公司变化的本质的同时必须把公司治理的重点放在人力资本的激励上[148]。人力资本的专用性导致人力资本的机会成本高昂,当公司倒闭时,人力资本承担的剩余成本是非常大的。根据风险与收益相对称的原理,股东、员工、供应商、债权人、顾客等利益相关者分别对公司投入了物质资本、人力资本和其他资本,理应享有剩余索取权和控制权。

剩余控制权和特定控制权之间的相互作用和相互关系构成了现代企业经营者控制权激励,并形成了人力资本产权激励。人力资本产权激励把人力资本产权作为一种经济权利,在产权界定的过程中明确人力资本产权,使人力资源资本化,与物质资本一样视为产权的内容,让人力资本所有者分享企业产权,明确人力资本所有者的权、责、利界限并给予人力资本所有者在公司治理中的相应地位。

人力资本产权激励理论从内外两个方面设计激励约束机制。团队生产和委托—代理理论构成了"利润分享""股权激励"等风险收入激励的基础,通过风险收入来解决代理人可能出现的偷懒、败德等行为,使委托人或团队的经济利益达到最大。"锦标赛"理论将职位晋升的机会视为对人力资本者的激励,综合运用薪酬效用和职位晋升效用来共同激励,在重视经济利益的同时更加关注综合效益。人力资本产权激励则使人力资源资本化,以制度的形式赋予人力资本激励,是一种源于激励本质的内在激励,是一种他力机制和自力机制相结合的激励制度。几种激励机制共同作用促进人力资本产权激励的形成,共同构建企业的激励约束机制。

4.2 国有商业银行人力资本产权激励与公司治理结构重构

现代治理结构实际上就是主要围绕人力资本作用的发挥和控制来安排的[149]。国有商业银行是一个人力资本密集型的特殊行业,人力资本产权的作用日益突出,利益相关者在治理结构中的地位不断增强,人力资本产权激励直接影响国有商业银行公司治理结构。

国有商业银行是国家经济的命脉,国有商业银行的改革直接关系到国计民生。为了保障金融体系的稳定,现阶段我国国有商业银行的改革是在现有框架内进行的,商业银行公司治理改革的目的是通过重新配置剩余索取权和控制权,以期达到动态平衡状态来确保商业银行的稳定和可持续发展。根据利益相关者影响的不确定性和人力资本产权的特征,人力资本产权激励下的国有商业银行公司治理结构调整是在原有公司治理框架和结构内进行局部性安排。充分肯定商业银行公司治理结构发展的"路径依赖"特征,在原有制度的运行基础上充分体现商业银行的特殊性——人力资本产权,对公司治理结构进行渐进式的边际调整。

4.2.1 国有商业银行利益相关者及权力

公司治理的本质是协调各利益相关者的利益关系。按照对银行的影响程度及影响力不同,银行利益相关者可以分为外部利益相关者和内部利益相关者。前者包括债权人、客户、社会公众、国家,后者包括股东、经营管理者、技术创新人员、普通职工。从最终的发展趋势来看,公司治理结构的核心是利益相关者的权力安排机制,是公司治理权力主体(股东、员工、债权人、客户、供应商、社区等)委托人如何激励与约束代理人(董事与经理)的安排。

(1) 外部主要利益相关者

① 债权人

商业银行的债权人主要是由商业银行的存款者构成,银行业务的高技术性使众多储户处于信息劣势;西方国家的存款保险制度及我国国有商业银行的隐形信用担保使储户监督控制的积极性不高。商业银行的债权人集团缺乏一般企业债权人所具有的对企业的监督与控制能力[100]。当商业银行的债权人和股东利益一致时,弱监督与控制能力不会产生严重的后果,但是当两者的利益发生冲突时,股东则很可能牺牲债权人的利益来保全自己的利益。商业银行通常可以通过吸收新的存款来获得流动性而掩盖债务危机,一旦状况严重恶化,如银行倒闭,较低的自有资本充足率使得债权人利益的损失要远远大于股东利益的损失。让商业银行的债权人参与到公司治理结构中来是制衡股东、董事和经理的有效方式,比债权人"用脚投票"对股东和债权人来说更为有利。

② 国家

在国有商业银行中,国家是最特殊的利益相关人,是兼有内部和外部双重身份的利益相关者。国家是国有商业银行公司治理的主导者,公司治理水平高低最终取决于国家作为利益相关者的作用发挥。作为内部利益相关者,国家以股东的身份参与银行微观治理;作为外部利益相关者,国家以政府的形式参与银行的宏观治理,从全局着眼,更侧重于保护各利益相关人的合法利益。国家在规范国有商业银行治理架构、力求保障国有商业银行公司治理效率的同时,还要兼顾为国有企业提供持续支持、保证存款人对国有商业银行的信心、保证就业和社会稳定等宏观改革问题。国有商业银行的特殊地位使监管机构和政府成为其重要的利益相关者。此外,作为公司产品或服务的消费者——银行客户以及对商业银行有直接或间接影响的社会公众也是国有商业银行的外部利益相关者,对国有商业银行治理结构作用的发挥产生一定的影响。

(2) 内部主要利益相关者

① 股东

国有商业银行的投资者是国家,改革前国家是国有商业银行唯一的股东,改革后国家仍是国有商业银行最大的物质资本股东,是商业银行公司治理的主体。随着公司治理理论的发展,"股东至上"主义提出的"股东是企业所有者"遭到越来越多的质疑,人力资本特别是经营者人力资本提出了产权要求,传统的物质资本股东的权力有减弱的趋势。按照"状态依存所有权"理论,对一个企业而言,如果其收入在支付员工工资和债权人本息后尚有余额,股东是企业的所有者;如果其收入只能用于支付员工工资,但不足以对债权人还本付息,债权人是企业的所有者;如果连员工的工资也不能支付,则员工是企业的所有者。国有商业银行是一个经营货币的特殊企业,有政府对其进行信用担保,一般情况下不会破产,因此物质资本股东仍是国有商业银行的主要所有者,只是人力资本股东的介入使这种物质资本股东的权威弱化了。

② 经营者

国有商业银行的经营者比外部股东更具有信息优势,处于国有商业银行决策层与具体实施层的中间地位,发挥着信息传递与加速技术创新的双重作用。在股东和员工双向控制中的企业成长率高于股东单边治理的情况下[150],特别是银行的高层管理者对银行经营过程中存在的问题客观上有更加深刻的了解和认识,主观上有参与公司治理的动力,他们参与治理将有助于问题本质的发现与解决。银行经营者在长期的工作和协调中形成专业知识和专业技能,专业知识和基于交易网络等形成的长期稳定的人脉关系构成了银行专用性资源的源泉,经营者通过这种专用性人力资本投资承担了一定的经营风险,一旦转行将产生巨大的机会成本,从而使经营者的利益与银行息息相关。经营者主客观上均有参与公司治理的需要,承认经营者的人力资本并赋予其相应的产权,允许经营者参与银行的公司治理,不仅可以维护经营者自身的合法权益,同时也维护了物质资本所有者的权益,促使银行治理更富有效率。

③ 员工

技术创新人员和普通职工作为国有商业银行重要的人力资源和人力资本所有者,与银行之间具有人力资本契约,参与银行公司治理是必然的趋势。但人力资本产权化应该是一个逐渐推行的过程(见图4.2),在初期阶段应该主要采取物质激励的方式而非产权化的方式,当人力资本产权化推广到一定程度后,再进行技术创新人员的人力资本产权化改革,最终实现人力资本与物质资本博弈的结果是人力资本与物质资本共同治理。

图 4.2　人力资本所有者分享剩余的过程

4.2.2　人力资本产权及激励对国有商业银行公司治理结构的影响

尽管利益相关者共同治理是商业银行乃至所有企业治理结构的最终发展趋势,但具体到我国国有商业银行的现状和路径依赖性,公司治理结构的核心只能是狭义的利益相关者,即物质资本产权与以经营者为主体的人力资本产权共同治理的权力安排。此处的人力资本产权主要指经营者人力资本产权。

(1) 经营者人力资本与公司治理结构间的内在联系

经理阶层刚刚兴起的阶段,两权分离现象出现,经理与股东的利益目标函数不一致时往往会做出有利于自己而损害股东利益的行为。此时需要解决的基本问题是制定一套合理有效的激励约束机制,这是物质资本所有者对人力资本所有者的单边激励。公司治理结构的主流表现为委托—代理关系下的"股东至上"型公司治理结构安排。当经理阶层实际拥有企业法人财产权、"内部人控制"现象越来越严重时,人们开始更多地关注人力资本所有者的产权地位,承认人力资本所有者与非人力资本所有者是两个对等的产权主体。此时,对人力资本所有者进行有效激励是极其重要的,信息不对称使这种激励成为一种天然障碍,让人力资本所有者自己对自己进行激励和约束要优于非人力资本所有者。随着人力资本所有者地位的增强和产权的实现,股票拥有数也成为人力资本所有者能力强弱的标志[56]。让人力资本拥有企业剩余索取权,通过人力资本产权的明晰化可以实现人力资本的外部利益内在化。人力资本所有者拥有企业所有权是一个趋势[56],公司治理结构的主流应表现为人力资本产权理论下的"物质资本与人力资本共同治理"型公司治理结构安排①。随着人力资本主体地位的进一步提高,人力资本所有者的谈判能力增强,当各级各类人力资本所有者都有权平等参与企业剩余索取权和控制权的配置时,各利益相关者的权力配置达到均衡状态,公司治理结构的主流表现为"利益相关者共同治理"理论下的"利益相关者共同治理"型公司治理结构安排。

国有商业银行具有等强外部性、高风险性、高垄断性等行业的特殊性及高杠杆性、高技术含量等金融产品的特殊性,这种行业的特殊性决定了人力资本产权引入的慎重性,而金融产品的特殊性又提出了人力资本产权引入的必然性。在双重压力的作用下,我国国

---

① 此处的人力资本是狭义上的人力资本,本书的分析仅限于经营者人力资本。

有商业银行公司治理结构要保持这两种治理场力的均衡。目前改革的阶段取向应该是"物质资本与人力资本共同治理"型公司治理结构安排阶段,让人力资本产权所有者享有部分所有权,经营者人力资本通过特殊的持股形式参与到现有商业银行的公司治理结构中。这种权力安排将影响到银行股东大会的组成,董事会及监事会变为物质资本所有者和人力资本所有者共同的受托人代表,将会改变董事会及监事会的成员构成,公司治理结构的改变也会推进委托—代理关系之间的激励约束机制,促进他励激励部分转变为自励激励部分,从而促进激励约束机制的优化。

(2) 人力资本产权激励要求人力资本所有者享有部分产权

知识经济的发展推动了人力资本在资源配置中的作用,市场经济条件使人力资本这种无形资本与企业家相依附。出资者与专用化人力资本拥有者共同分享公司的所有权或剩余索取权与控制权是一种有效率的制度安排。因此,公司应使其专用化人力资本拥有者对公司所有权的分享及其比例予以相应的制度安排[116]。

股权是一种合约,这种合约不是当时套现,而是要和公司长远经营联系在一起,在资本层面上把大权在握的经理人和没有能力管公司的出资人联在一起[151]。公司治理结构的关键问题是选择优秀的人力资本所有者——经营者以及对经营者实施有效的激励和约束,人力资本产权激励则内在要求形成一种让经营者拥有部分企业所有权和借助外部市场机制作用使人力资本的外部效应内部化,形成一种自己激励约束自己的最优制度安排。

商业银行经营者把自己的"人力资本"投资到银行中去,对银行实施管理,形成一种虚拟资本的投入。经营者人力资本投资作为一种虚拟资本的投入,将在商业银行的经营管理中逐渐形成专用性和专有性的经营者人力资本,人力资本产权激励要求把这种特殊的人力资本产权化。国有商业银行进行深层次改革的前提条件就是要承认企业家人力资本产权的存在,从制度安排上保障人力资本产权所有者享有部分产权,分享商业银行的所有权或剩余索取权与控制权。现阶段改革的分享安排应该主要集中在具有企业家才能的银行高级经营者。对于不具有任何专用化人力资本的普通雇员或平庸经理而言,其通常只能获取由外部劳动力市场决定的合同工资,而不太可能参与或深度参与公司所有权的分享[134]。让银行的人力资本产权所有者享有部分产权就是在国有商业银行的股份制改造过程中,把企业家的人力资本量化为股份制的产权,把这种虚拟资本投入量化为股份制的股权[152]。

(3) 人力资本产权激励要求人力资本所有者享有公司剩余控制权

人力资本理论认为人力资本与非人力资本是平等的产权主体,共同组成公司的资本构成要素。在"内部人控制"现象越来越严重的同时,经营者在实际上享有越来越多的事实控制权,这要求从制度上给予经营者适当的控制权以保证资源配置的合理化。这表明国有商业银行公司治理中人力资本控制权的增强和非人力资本控制权的减弱事实上已经发生。近期建行等金融机构频发的一些金融大案多与内部人控制有关,这种权力要求应该体现在公司治理结构的变化之中,而不能以不变的观点坚持股东至上原则,忽视经理人员等人力资本所有者的同等权力。

人力资本与非人力资本所有者权力平等要求的实现需要改变现存的非人力资本产权

所有者独享剩余控制权的状况,形成新的公司剩余控制权分享安排框架,使公司治理所有权状态向"状态依存"论中的人力资本与物质资本共同控制方向转移。在新框架下,以人力资本理论为指导,非人力资本的一部分控制权转移至人力资本,公司治理结构朝着非人力资本权力缩小的方向转变,从制度安排上保障人力资本产权所有者享有剩余控制权的平等合法地位。

(4) 人力资本产权激励要求人力资本所有者分享剩余索取权

剩余控制权与剩余索取权的对称安排是所有权配置的根本要求,人力资本的产权特征决定人力资本产权激励性制度安排必须以剩余索取权的分享安排为基础。传统的公司剩余索取权完全由物质资本产权所有者独享,改制前的国有商业银行的剩余索取权自然地安排给了唯一的股东——国家(政府)。人力资本因其产权未得到确认,而无法得到剩余索取权的分享资格,"该给的没给,不该拿的拿了"现象的出现使商业银行行政性治理的缺陷暴露无疑。国有商业银行公司治理问题从本质上反映监督约束方面问题的同时,也从深层次体现出人力资本产权所有者的权力主张。

传统治理中人力资本索取产权权利的途径主要是靠企业剩余控制权的收益[27,55,153],主要包括由于拥有企业剩余控制权而带来的通向行政仕途的便捷通道、在职消费、成就感、权利欲的满足等,这种剩余控制权收益的不可有偿转让性和不可补偿性要求经营者必须长期持有控制权。阿尔钦和德姆塞茨也主张"以剩余索取权来激励企业的经理"[133]。分享企业剩余索取权的回报是企业经营者昨天对企业的贡献,一般不会牺牲企业的今天和明天,故分享企业剩余索取权的安排一定优于企业剩余控制权回报的安排[154]。

国有商业银行公司剩余索取权的分享安排直接关系到各分享主体的自身利益,人力资本产权享有剩余控制权的同时也内在要求分享企业剩余索取权。剩余索取权由经营者拥有无疑是最佳的,会带来更高的效率和效益,因为经营者富于经营才能以及经营专门知识这一行使剩余控制权的必备要素[152]。人力资本产权激励要求所有权的安排尊重人力资本的经济利益,通过剩余索取权的安排形成对人力资本产权所有者的有效激励和约束。但在对剩余索取权安排的同时,必须考虑到我国国有商业银行的特殊性及其在经济中的重要地位,国有商业银行人力资本产权的实施过程必将遇到很大的障碍。

综合国有商业银行对人力资本产权实现的内在要求和人力资本产权实施的现实困难,结合当前的理论与实践,现阶段给予国有商业银行人力资本产权剩余索取权的措施应表现在股票期权、股权、认股权证的制度安排上,其中人力资本产权的设计形式是关键,是以报酬结构的一个重要组成部分——长期报酬方式体现出来。通过国有商业银行公司治理结构重构来重新分配剩余索取权,体现人力资本特别是经营者人力资本的产权权力。

4.2.3 引入人力资本产权的国有商业银行公司治理结构重构

国有商业银行的利益相关者在公司治理的各个方面发挥越来越大的作用,其权力范围对单边公司治理形成越来越大的挑战,特别是经营者人力资本产权形成一种巨大的场力,在公司治理场中逐渐从一般影响因子转变为重要决定因子。公司治理结构的演化路径为:"股东至上"模式→"人力资本与物质资本共同治理"模式→"利益相关者共同治理"模式。在国有商业银行公司治理结构重构的渐进式改革过程中,现阶段必须引入人力资本产权因素,建立基于人力资本产权的"人力资本与物质资本共同治理"模式。

公司治理结构要解决的两个关键问题是从市场中选择最优秀的经理人员和对经理人员进行激励。全体股东具有决策权,股东大会成为表决权的权力体现。为了解决日常决策成本过高的问题,从全体股东中选出素质高、品德好、值得信任的股东代表全体股东行使权力,部分股东成为董事进入董事会,产生董事会这一机构。董事会选择具有企业家才能的高级经营者,高级经营者进一步选拔人才组成经理层。为防止董事与经理合谋共同损害股东利益,必须要有相应的监督机构来监督经理与董事的权力行使情况,需要产生监事会这一机构①或类似的监督职能部门。至此,一个由股东大会、董事会、监事会、经理层所构成的规范的公司治理结构得以形成。

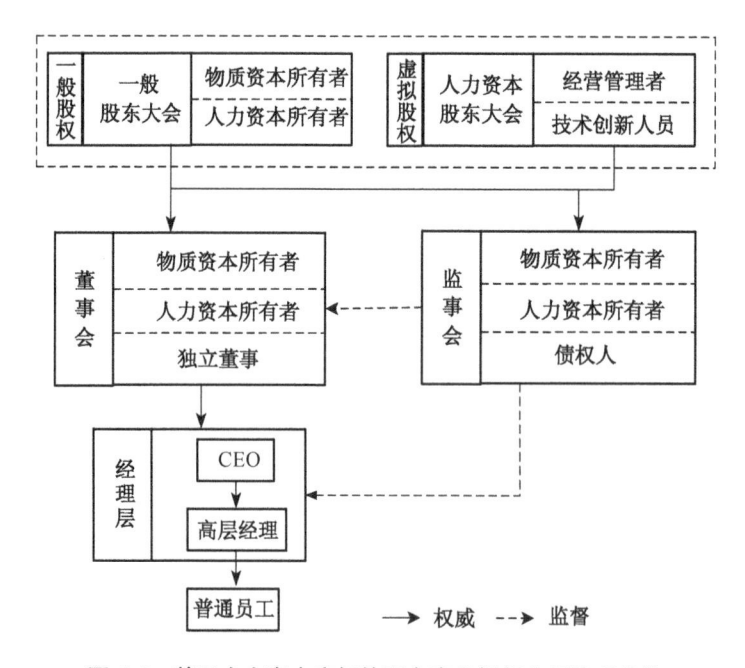

图 4.3 基于人力资本产权的国有商业银行公司治理结构

从公司治理结构的演化过程来看,公司治理结构解决的主要问题就是对代理者的激励和约束问题,围绕这一问题形成了内部结构与外部机制综合平衡的制衡结构。与规范的公司治理结构一样,国有商业银行基于人力资本产权的公司治理结构的组织安排也应由股东大会、董事会、监事会、公司执行机构4个法定机构组成,只是各权力安排的成分依人力资本产权进行重新安排,从而使公司治理的核心内容发生根本性的改变,如图4.3所示。但由于国有商业银行的特殊性质,与一般企业的公司治理相区别,国有商业银行公司

---

① 英美模式中没有单独的监事会机构,但是有独立董事行使监督的职能,这与英美的治理发展进程和发达的资本市场相关。

治理中引入人力资本产权具有现实的困难,人力资本产权制度的实现成为公司治理的核心内容发生根本性改变的关键。而在进行人力资本产权设计时,引入虚拟股权对促进人力资本产权的实施具有重要的意义。虚拟股权是一种处于虚值状态的银行股票及股票期权,它以合同的形式授予经营者一定数额的虚拟股票及虚拟股票期权。这种虚拟股权仅享有部分股票及股票期权的权利。具体说来,经营者对这种虚拟股票不享有表决权,但享有分红权、送配股权及变现权等其他权利。虚拟股票期权是有一定时间限制内的行权权,行权时可以以优惠价格将期权转为虚股,待行权期结束后可在每年的规定时间内随时将虚股变现。虚拟股权的提出突破了国有商业银行经营者持股的诸多限制,也为国有商业银行人力资本产权的实施提供了一种现实可能。图4.3中的治理结构变革正是以这种虚拟股权为基础的。

引入人力资本产权后国有商业银行公司治理结构重构,产权与控制权的配置发生根本性的变化,适量的股权激励既可以减轻内部人控制的人力资本风险又可以使经营者的目标与银行目标相一致,虚拟股权的实施也有助于形成新的权力制衡结构和新的利益分配机制、激励约束机制。随之而来的是股东大会、董事会、监事会、执行机构等公司治理结构的改进,相应的治理要素发生变化,各方在互动的博弈过程中达到新的均衡。

(1) 股东大会[①]及安排

股东大会是国有商业银行公司治理的权力机构,新的公司治理要致力于解决好国有资本的代表权问题[124],人力资本产权同物质资本产权同样应体现在股东大会的权力安排中。人力资本股东大会与物质资本股东大会一起作为国有商业银行内部最高的权力机关,行使国有商业银行股东大会的权力。依据《上市公司治理准则》,股东大会通过表决机构,决定国有商业银行的总体经营战略;决定董事、监事的任免和更换;审批董事会、监事会的报告;审批公司财务预、决算方案;对公司增减资本和合并、分立、解散做出决议等。股东大会的具体权力是通过董事会这一信托机构和经营者阶层这一执行机构来实现的。

引入人力资本产权后,传统的股东大会结构发生根本性的变化。新的股东大会由两部分组成:一般股东大会和人力资本股东大会。人力资本所有者凭股权进入一般股东大会,凭虚拟股权及相应的权力安排进入人力资本股东大会。一般股东大会由物质资本所有者和人力资本所有者组成,以各方持有的股权分配权力。国有商业银行关系到国计民生,其最大的物质资本股东是国家,但多元化的代表却形成事实上的所有者缺位。因此,要使国有商业银行的所有者——国家的代表由多元转变为单一,可由一个统一利益的机构代表来行使股东权利。具体可由国务院成立一个专门的国有资产管理机构,统一管理相关利益的权力与要求,综合平衡国有商业银行的目标与权力行使。

人力资本股东大会是国有商业银行作为一种新型企业的治理反映,是对传统物质资本股东大会的有益补充。考虑到国有商业银行的知识技术性,新的股东大会由人力资本所有者和物质资本所有者共同组成。人力资本股东大会应由高级经营者及具有特质性的

---

① 非上市银行为股东会。

从事金融创新的高级技术人员组成（以经营者为主），其权力来源于异质型人力资本，当前的实施应以虚拟股权为主要方式，其依据是股票期权及相应的期权形式。相应的权力安排应该确保人力资本产权的权力主体与物质资本产权主体一样能够行使相应的权能，特别是在落实经理人员推选代表进入董事会和监事会的具体操作过程中，应由人力资本股东大会参与选举经理董事和监事。

（2）董事会及安排

董事会是由股东大会选举产生的银行最高决策机构，是国有商业银行公司治理结构的核心。董事会代表股东的利益，执行股东大会的建议和决定，尤其是对银行高层经营者的选拔、考核、奖惩和约束。作为股东和利益相关者的利益保障者，董事会与股东大会之间是一种信托关系，董事会成员由股东大会选举并经金融监管当局核准任职资格后产生。传统的董事会职能主要是代表股东利益、对股东负责，其中的股东主要是指物质资本股东。在新的治理结构安排中，随着股东大会构成的改变，整个权力制衡结构有所改变，董事会结构应增加董事会成员以反映人力资本股东的利益。此外，银行经营具有较强的专业性也决定了没有专家和专用性的人力资本参与的决策可能是外行的，这从另外一个角度要求董事会结构反映人力资本股东的利益。

人力资本权力增强的同时，董事会对经理人的监督职能出现弱化的倾向。人力资本的权力主张使人力资本产权主体进入董事会的同时，要注意内部人控制这样一个客观现实，既要有效激励又要综合平衡各利益相关者。因此，承认并实现经营者人力资本产权的同时，必须要强化相应的约束机制。内部约束机制的强化依靠产权制度的变革、平衡剩余索取权与内部控制权来实现[155]。具体做法是，国有商业银行董事会结构增加人力资本产权主体的同时，要求独立董事进入董事会，对国有商业银行及全体股东负有诚信与勤勉义务。物质资本所有者、人力资本所有者、独立董事共同构成董事会，通过设置战略、审计、提名、薪酬与考核等，专门委员会具体实施董事会职责，真正实施国有商业银行战略制定的职能。

（3）高级管理层

国有商业银行的高级管理层由行长、副行长、财务负责人等组成，受聘于董事会并在董事会授权范围内拥有对银行事务的管理权和代理权，最终对董事会负责。在公司治理结构中，高级管理层与董事会之间的关系是委托—代理关系，作为执行机构，国有商业银行的高级管理层主要负责银行日常经营活动的决策与指挥，拥有决策过程的动议和执行的职能，根据董事会决议实施具体工作。主要职责是：提交并执行董事会的决议，主持银行的日常业务活动；经董事会授权对外签订合同或处理业务；提请董事会聘用或任免其他经理人员；定期向董事会报告经营情况；接受监事会监督，定期向监事会提交有关商业银行经营业绩、重要合同、财务状况、风险状况等信息。

引入人力资本产权制度后，高级管理层在治理结构的变化中应该体现出国有商业银行作为知识密集型行业的特征，即经营者的地位由过去单纯的代理人角色向部分所有者角色转变。专用化人力资本特别是经营者人力资本在国有商业银行中发挥重要的作用，分享银行的剩余索取权与控制权符合效率安排。分享到商业银行所有权的高层经营者就具有了人力资本股东和经营者的双重身份,从而使商业银行治理结构中的委托—代理链复杂化。

(4) 监事会及安排

监事会是监督董事会和银行高级经营者的常设机构,享有审核公司财务状况的权力以及监督董事会、经理阶层执行公司业务的权力。监事会的人员和结构应确保监事会能够独立有效地行使对董事、经理和其他高级管理人员及公司财务的监督和检查。传统意义上的监事会一般由股东代表和适当比例的公司职工代表组成,董事、经理和财务人员不得兼任监事。国有商业银行监事会应直接对股东大会负责,但人力资本产权介入公司治理结构使原有的监事会结构受到挑战。

人力资本产权的引入使得股东大会、董事会、高管人员的权力制衡发生了根本的变化,在国有商业银行中引入人力资本所有者股东大会的同时,应该允许部分人力资本所有者进入监事会,代表各多元利益主体对董事会和公司执行机构进行统一的监督。通过构建有利于自励机制的激励约束机制来建立内生于公司治理体系的监督机构,将人力资本所有者之间的互相监督与约束引入到职能设计中来,着重提高监督的代表性和有效性。此外,加强人力资本股东权力主张的同时,债权人的特殊保护也是商业银行公司治理结构需要突出考虑的一个问题。新的银行监事会结构要求主要债权人进入监事会,用以平衡日益膨胀的董事和经理人员的权力,从而取得实现对债权人利益保护机制和确保股东大会对董事会信托关系、董事会对经理层委托关系的有效制衡与实现。

4.3 国有商业银行治理结构的微观设计与运行——经营者激励约束机制

内部激励结构对于发展一种可行的公司治理理论而言是至关重要的,因为这些激励在很大程度上决定着组织内部个体的行为[156]。内部激励体系是对公司治理结构影响最为重要的微观体系,经营者激励约束机制的设计与运行是国有商业银行治理结构的微观表现,直接决定着国有商业银行公司治理结构的设计与运行。

经营者人力资本产权激励理论表明要以制度的形式赋予人力资本以激励,赋予人力资本适当比例的股权,使人力资本所有者同物质资本所有者一样参与治理。商业银行经营者由于金融经验的增加而导致有价值的人力资本增值,增加相应的代理权力,人力资本必然内在地提出产权激励问题的要求。经营者激励约束机制设计是人力资本产权激励的重要环节,在西方商业银行中,银行所有者对经营者、经营者对员工有多种激励手段,职务晋升仅为其一,最重要的是效益工资、奖金以及期股激励等,能够促使经营者和员工各尽其能、努力工作[157]。而目前国有商业银行则主要通过行政权这一特殊控制权的配置来影响经营者的企业家行为模式选择,激励手段上尽管采用多种激励手段,如福利、奖金、职业发展、各种荣誉等,但真正起主要作用的还是特别晋级、行政职务和奖金。薪酬水平与业绩低相关、评价标准不客观问题严重影响了现代银行的经营者激励约束机制的设计。

为适应银行业的全面竞争形势,从人力资本产权的角度重新审视委托—代理问题,本书利用不完全信息动态博弈方法分析国有商业银行经营者激励约束机制的决定因素和制约因素,并建立商业银行经营者的激励约束机制。

4.3.1 国有商业银行经营者激励约束机制的设计原则

(1) 剩余控制权与剩余索取权对称激励的原则

国有商业银行治理结构是在特定所有权下的安排,解决的是银行所有权配置的制度安排问题——剩余控制权与剩余索取权的对称配置。国有商业银行公司治理的目标是解决商业银行内部的激励约束问题和经营者选择问题,剩余控制权与剩余索取权对称激励成为商业银行公司治理激励约束机制设计的根本原则。国有商业银行所有权的各种权利通过治理结构进行配置,在股东、董事和经理之间配置剩余控制权。

支撑现代银行资产的概念不再是唯一的货币资本,人力资本成为商业银行运作的关键因素,高级经理人员的素质决定了银行的成败。环境的变化要求商业银行这种"状态依存"制度安排要根据不同的情况做出相机选择,使剩余索取权和剩余控制权重新配置以达到一种合理的激励状态。授予高级管理人员相应的股票和一定比例的股票期权,使具有剩余控制权的经营者获取剩余索取权并与股东一样参与银行的剩余分配,可以实现剩余控制权与剩余索取权对称激励,使经营者在承担风险的同时兼有自励和他励双重激励的效用,以达到激励的根本目的。

(2) 长期激励与短期激励相结合的原则

国有商业银行的发展是一个长期的过程,现行体制下只根据当前的利润对经营者进行激励就极有可能发生一些短视现象,经营者就会追求短期目标和当前利润,甚至会有损害银行长远发展的事件发生。为了激励银行经营者为国有商业银行的长期生存发展而努力工作,在对经营者的短期业绩提供激励的同时,更要对经营者对银行的长期发展作出的贡献提供激励。

国有商业银行经营者激励约束机制的设计应充分体现长期激励与短期激励相结合的原则,以促进国有商业银行的健康可持续发展。在传统的物质激励方式中积极引入技术入股、管理入股等相应的激励方式,并辅以相应的约束条件来实现长期激励约束与短期激励约束相结合。长期激励与短期激励相结合可以减少经理人员的短期行为,通过股权和股票期权的形式把经理人员的可能收益和他对公司未来绩效的贡献联系起来,可以保证国有商业银行经营者从银行的长远发展战略着眼进行相应的经营者行为模式选择。

(3) 人力资本产权激励与物质资本产权激励并重的原则

人力资本产权主体成为企业所有权权力安排是企业剩余索取权与剩余控制权合理配置的必然,人力资本具有可激励不可压榨的产权特征,这使得市场中的企业合约不可能事先规定一切,而必须保留一切事前说不清楚的内容由激励机制来调节[55],激励约束机制的设计过程应充分体现人力资本产权激励。

商业银行是人力资本与非人力资本缔结而成的特别合约,利益相关者的共同作用是商业银行得以生存发展的前提。人力资本的产权地位上升要求激励性契约的设计要充分考虑人力资本要素在企业中的作用。在理论上，人力资本产权理论及激励理论提供了企业家凭借人力资本所有权及其控制权取得剩余索取权、参与企业利润分配的依据。在实践中，"道德风险"和"逆向选择"的普遍存在为商业银行人力资本产权激励提出了现实要求。为了激励职业企业家，不仅要按期支付高层管理者的固定工资收入，还要让渡一部分企业利润。现代国际上银行业流行给职业企业家股票、股票期权、延期报酬等多元化的分配方式恰恰体现了人力资本产权激励。

4.3.2 基本函数关系及假设

在信息不完全、不对称条件下，国有商业银行所有者和经营者追求自身效用最大化的行为对商业银行经营活动产生影响，各自的收益函数最大化的价值取向决定了国有商业银行经营者激励约束机制的模式选择。激励约束问题本质上是一种委托—代理问题，考虑经营者人力资本产权后，委托—代理模型的基本函数关系[157]发生变化，本书在传统的激励约束模型基础上增加人力资本产权激励因素进行分析。

(1) 银行的收益函数

商业银行在 t 时期的收入 Y_t 是 t 时期经营者努力程度 f 和银行资产质量 q 的线性函数，即

$$Y_t = a_t f_t + b_t q_t + \xi \tag{4.1}$$

其中，a_t 是努力系数，b_t 是资产质量系数；ξ 代表金融市场上出现的随机事件，服从正态分布 $N(0,\sigma^2)$，即 $E(\xi)=0$，$D(\xi)=\sigma^2$；假定经营者努力程度 f 与激励约束机制直接相关；合同期初银行的资产质量为一确定的常量 q_0，其后各期银行的资产质量与现任经营者上一期的经营行为直接相关 $q_t = q(f_{t-1}) = kf_{t-1}$。

(2) 所有者的收益函数

商业银行所有者自然占有银行的收入 Y_t，但同时需支付给经营者以报酬 W_t 及支付日常的所有成本支出 g，则银行所有者通过拥有商业银行所有权在 t 时期的收益函数 O_t 等于该时期银行收入函数减去支付给经营者的报酬及其他经营成本和开支，即

$$O_t = Y_t - W_t - g \tag{4.2}$$

(3) 经营者的收益函数

经营者根据合约可以取得报酬 W_t，经营者的报酬是经营者的能力及努力程度 f 的增函数，所有者在选拔经营者的选聘工作完成之后依经营者的努力程度支付薪酬。

按照人力资本产权激励的激励约束机制设计原则，经营者的报酬包括三个部分：第一部分是固定收入 s，也就是固定工资和福利等；第二部分是效益报酬，包括奖金、利润留成、年薪等，直接同经营业绩 Y_t 挂钩，相关程度视所有者与经营者约定的奖金比率 β 而定；第三部分是人力资本产权收益，包括股权、股票期权等，即经营者依据其所拥有的人力资本产权所享有的部分所有者收益，具体权利表现为经营者依据人力资本所对应的产权而获得的相应股权及股票期权等价现值的份额 γ，货币表现为相对应的所有权收益 γO_t。

经营者的报酬公式,即

$$W_t = s + \beta Y_t + \gamma O_t \tag{4.3}$$

其中,固定支付 s 和激励比例 β、γ 是所有者与经营者达成合约的关键;激励比例 β、γ 则是由所有者控制的,是激励约束机制发挥作用的决定因素;经营者的努力程度 f 与 β、γ 相关,$f=f(\beta,\gamma)$;商业银行在 t 时期的收入 Y_t 的改变会引起经营者报酬的线性改变;各因素对经营者产生综合激励。

经营者在获取收益的同时必须支付努力行动的成本,记为 C。假定成本 C 是行动 f 的单调增函数 $C=C(f)$,$C'(f)>0$ 且 $C''(f)>0$,表示经营者越努力付出的成本越高,而且随着努力程度的增加,经营者的边际成本递增。因此,经营者在 t 时期在商业银行努力工作得到的收益 H_t 等于他的报酬扣除他付出的努力成本,即

$$H_t = W_t - C_t = s + \beta Y_t + \gamma O_t - C(f_t) \tag{4.4}$$

等价于

$$H_t = [s + (\beta+\gamma)(a_t f_t + b_t q_t + \xi) - \gamma g]/(1+\gamma) - C(f_t) \tag{4.5}$$

所有者和银行经营者就报酬问题达成合约后,所有者对经营者进行激励,式 4.4 中 βY_t 是他励部分,γO_t 是自励部分。经营者的努力成本 $C(f_t)$ 对于他自己是确定的可控因素,经营者以最终收益 H_t 为依据,通过不同的努力行为来选择努力成本 $C(f_t)$ 的水平。S 影响最终收益 H_t,但对努力程度 f 基本没有影响,β、γ 是影响经营者最终收益 H_t 以至于决定努力程度的重要因素。

4.3.3 委托—代理的基本模型及最优解

(1) 委托—代理的基本模型

在商业银行的委托—代理关系中,所有者和经营者之间不断通过对方的行动和信号来调整自己的行为,要实现模型的均衡状态,必须满足三个条件[157]:银行经营者采取行动实现自己的效用最大化;所有者的效用尽可能高;所有者和经营者各自效用的加权和尽可能大。在国有商业银行经营者激励约束机制的设计中,关键是要由所有者代表确定合理的激励约束比率 β、γ,激励和引导银行经营者提高其努力程度,进而实现所有者收益函数的最大化。

① 满足所有者各期收益之和最大假设,风险中性的所有者的最优行动选择为

$$\max_{\beta,\gamma,f} \sum \frac{[(1-\beta)(a_t f_t + b_t q_t) - (s+g)]}{1+\gamma} \tag{4.6}$$

② 遵循经营者的风险规避假设,经营者选择的是期望效用的确定性等值最大化。线性契约条件下经营者在 t 时期的收益函数

$$H_t = [s + (\beta+\gamma)(a_t f_t + b_t q_t + \xi) - \gamma g]/(1+\gamma) - C(f_t)$$

$$E(H_t) = [s + (\beta+\gamma)(a_t f_t + b_t q_t) - \gamma g]/(1+\gamma) - C(f_t) \tag{4.7}$$

$$V(H_t) = \left(\frac{\beta+\gamma}{1+\gamma}\right)^2 \sigma^2 \tag{4.8}$$

风险规避的经营者的效用函数为 $U(H_t) = -\mathrm{e}^{-Rx}$,则绝对风险规避程度 $R_f(H_t) = -\frac{U''(H_t)}{U'(H_t)} = R, R > 0, H_t \sim N[E(H_t), V(H_t)]$。在此条件下经营者在不确定条件下的收益的确定性等值为

$$CE = E(H_t) - \frac{1}{2}RV(H_t) \tag{4.9}$$

结合式 4.7 和式 4.8 可得 CE_t

$$CE_t(s, \beta, \gamma) = \frac{[s + (\beta+\gamma)(a_t f_t + b_t q_t) - \gamma g]}{1+\gamma} - c(f_t(\beta, \gamma)) - \frac{1}{2}R\left(\frac{\beta+\gamma}{1+\gamma}\right)^2 \sigma^2 \tag{4.10}$$

商业银行的激励约束机制体现所有者如何在经营者的激励约束相容和参与约束的制约条件下,实现自己期望收益的最大化。委托—代理模型的基本结构为

$$\max_{\beta, \gamma, f} \sum_{t=0}^{n} \frac{R^t [(1-\beta)a_t f_t(\beta, \gamma) + (1-\beta)b_t q_t(f_{t-1}(\beta, \gamma)) - (s+g)]}{1+\gamma} \tag{4.11}$$

$$\text{s. t. } \max_{f} \sum_{t=0}^{n} R^t \left\{ \frac{[s + (\beta+\gamma)(a_t f_t + b_t q_t) - \gamma g]}{1+\gamma} - c(f_t(\beta, \gamma)) - \frac{1}{2}R\left(\frac{\beta+\gamma}{1+\gamma}\right)^2 \sigma^2 \right\} \tag{4.12}$$

$$\sum_{t=0}^{n} R^t \left\{ \frac{[s + (\beta+\gamma)(a_t f_t + b_t q_t) - \gamma g]}{1+\gamma} - c(f_t(\beta, \gamma)) - \frac{1}{2}R\left(\frac{\beta+\gamma}{1+\gamma}\right)^2 \sigma^2 \right\} \geqslant \sum_{t=0}^{n} R^t CE_t \tag{4.13}$$

其中,R^t 代表 t 期的贴现系数,$R^t \in [0,1]$。式 4.11 代表商业银行所有者选择适当的 s、β、γ 使得 n 期所有者收益之和最大化;式 4.12 表示约束条件满足经营者根据 β、γ 选择努力程度 f 使得 n 期收益的确定性收益之和最大化;式 4.13 约束条件表示该激励性薪酬有足够的吸引力以保证留住经营者,离开该岗位会发生相当大的机会成本以约束该经营者转向市场其他工作岗位。

(2) 最优解

① 每一时期经营者的最优行动选择

当 $t \neq n$ 时

$$f_t(\beta, \gamma) = \frac{(\beta+\gamma)}{1+\gamma} \cdot [a_t + R \cdot b_{t+1} \cdot q_{t+1} \cdot f_t(\beta, \gamma)] \tag{4.14}$$

当 $t=n$ 时

$$f_t(\beta, \gamma) = a_n \cdot \frac{(\beta+\gamma)}{1+\gamma} \tag{4.15}$$

② ①状态下所有者给予经营者的最优激励比率

$$\beta = \frac{\dfrac{(R^n-\gamma)}{1+\gamma} \cdot a_n^2 + \sum_{t=0}^{n-1}(R^t-\gamma) \cdot \dfrac{(a_t+Rb_{t+1}q_{t+1})^2}{1+\gamma-(\beta+\gamma) \cdot Rb_{t+1}q_{t+1}} - \sum_{t=0}^{n} R^{t+1} \cdot \dfrac{\beta+\gamma}{(1+\gamma)^2} \cdot \sigma^2}{\dfrac{a_n^2}{(1+\gamma)^2} + \sum_{t=0}^{n-1}\dfrac{(a_t+Rb_{t+1}q_{t+1})^2}{(1+\gamma)[(1+\gamma)-(\beta+\gamma) \cdot Rb_{t+1}q_{t+1}]} + R\sigma^2\sum_{t=0}^{n} R^t \cdot \dfrac{1}{(1+\gamma)^2}} \tag{4.16}$$

γ 满足于下列复杂等式①

$$R^n a_n^2 [1+\beta^2+2\gamma] +$$

$$\sum_{t=0}^{n-1} R^t \left[(1+\gamma)^3 a_t \right] - \frac{(1+\gamma)(\beta+\gamma)(a_t+Rb_{t+1}q_{t+1})^2(1-\beta)}{(1+\gamma)-(\beta+\gamma) \cdot Rb_{t+1}q_{t+1}} +$$

$$\sum_{t=0}^{n-1} R^t \left\{ \frac{(1+\gamma)^2 \cdot (1-\beta)b_{t+1}q_{t+1}(a_t+Rb_{t+1}q_{t+1})}{(1+\gamma)-(\beta+\gamma)Rb_{t+1}q_{t+1}} + \right.$$

$$\left. 2a_t(\beta+\gamma)(a_t+Rb_{t+1}q_{t+1}) \right\} +$$

$$\sum_{t=0}^{n} R^t \cdot (1+\gamma) \cdot (2b_t q_t - 2s + \beta\gamma g) -$$

$$\sum_{t=0}^{n} R^{t+1}(\beta+\gamma)(1-\beta)\sigma^2 = 0 \tag{4.17}$$

③ 各个时期的银行收入水平分别为

当 $t=0$ 时

$$Y_0 = a_0 \frac{\beta+\gamma}{1+\gamma} \cdot [a_0 + R \cdot b_1 \cdot q_1 \cdot f_0(\beta, \gamma)] \tag{4.18}$$

当 $t \neq 0$ 且 $t \neq n$ 时

$$\begin{aligned} Y_t &= \frac{\beta+\gamma}{1+\gamma}[a_t^2 + Rb_{t+1}q_{t+1}f_t(\beta, \gamma)] + b_t q_t + \varepsilon \\ &= \frac{\beta+\gamma}{1+\gamma}[a_t^2 + Rb_{t+1} \cdot Kf_t(\beta, \gamma)] + b_t q_t + \varepsilon \end{aligned} \tag{4.19}$$

当 $t \neq 0$ 且 $t = n$ 时

---

① 由于最优激励比率 β 与 γ 互为相关,在求最优解时很难得到唯一的一个有效显示解,但是两者达到最优比率时应满足式 4.17,当 γ 确定时可得到 β 的唯一解。根据式 4.16、式 4.17 的方程来做数值计算,通过数值计算法来近似求得,并根据各商业银行的实际情况予以修正。

$$Y_t = \frac{\beta+\gamma}{1+\gamma} \cdot a_n^2 + b_n q_n \cdot f_{n-1}(\beta, \gamma) + \varepsilon \qquad (4.20)$$
$$= \frac{\beta+\gamma}{1+\gamma} \cdot a_n^2 + b_n \cdot K f_{n-1}(\beta, \gamma) + \varepsilon$$

(3) 分析

① 从式 4.18、式 4.19 和式 4.20 中可以看出,各个时期的银行收入水平都与经营者的努力程度 f 正相关。从式 4.14 和式 4.15 中可以看出,经营者的努力程度 f 又与激励系数 a 正相关,与奖金激励比例 β 正相关、与股权激励比例 γ 正相关($a_n > 0$, $0 \leqslant \beta \leqslant 1$),而与固定收入 s 无关。

② 从式 4.18、式 4.19 中可以发现,各个时期对经营者的最优激励水平分别与系数 R、b_{t+1} 和 q_{t+1} 呈正相关;从式 4.18、式 4.19 和式 4.20 中可以看出,商业银行的收入水平与银行的资产质量影响指数 b_t 呈正相关。

③ 通过对比式 4.14 和式 4.15,银行经营者在合同末期的努力程度较其他阶段相对较低,经营者前期的努力程度 $f_t(\beta, \gamma) = \frac{(\beta+\gamma)}{(1+\gamma)} \cdot [a_t + R \cdot b_{t+1} \cdot q_{t+1} \cdot f_t(\beta, \gamma)]$ 大于末期的努力程度 $f_t(\beta, \gamma) = a_n \cdot \frac{(\beta+\gamma)}{1+\gamma}$,对经营者努力程度的激励和激励合同期限呈正相关。

4.3.4 商业银行经营者激励约束机制的构建

经营者激励约束机制是内部激励体系的重要组成部分,对公司治理结构产生重要影响,它的设计与运行决定着国有商业银行公司治理结构的设计与运行。从人力资本产权的角度重新审视委托—代理问题,通过引入经济假设建立国有商业银行经营者行为模式、所有者给予经营者的最优激励比率及各个时期银行收入水平的基本函数关系,寻求委托—代理的基本模型及最优解的过程可以发现,商业银行经营者激励约束机制的构建应重点考虑以下几个问题。

(1) 激励系数与绩效相挂钩

构建商业银行经营者激励约束机制,应增大激励系数 a,实现帕累托改进,达到帕累托效率[①]。这种帕累托改进的前提是提高激励的信息量,信息的不对称使得所有者无法精确地观察到经理的努力程度。在确定激励的指标时,重要的不是可观察指标本身的价值,而是它所包含的信息量的多少[158],应尽量采用能准确反映经理努力程度信息的指标来提高激励系数。通过剔除外生因素对经理业绩影响的指标,可以降低经理的道德风险成本,增大激励系数 a,诱使经理更努力地工作。建立完善有效的激励约束机制要求在增大激励系数的同时,将商业银行经营者的收入水平与其经营业绩挂钩,特别是提高与经营业绩相关的 βY_t 及 γO_t 的收入比重,降低与经营业绩无关的固定收入 s 的比重。

---

① 在经济学里,帕累托效率可以这样来定义:一种状态(资源配置、社会制度等)被称为帕累托最优状态,如果不存在另外一种可选择的状态使得没有任何人的处境变差而至少有一个人的处境变的更好。

(2) 引入适当的激励度

在提高经理努力程度时我们得到的是帕累托改进状态,但是帕累托最优状态却很难实现,因为经理在提高努力程度的同时经常会伴随成本的增加而使自身的效用受到损害,这种情况往往使得帕累托最优状态难以实现。因此,应该选择合适的激励水平和激励方式给予经理人以适当补偿,实现卡尔多—希克斯[①]改进,人力资本产权激励恰好是满足卡尔多—希克斯效率的有效补偿。

从前面的分析可知,股权激励比例 γ 影响经理的努力程度,进而影响商业银行的绩效,建立有效激励机制、实行经营者持股是公司加强对高层经营管理者激励的一个重要手段。这种分析与前面的国有商业银行人力资本产权分析中要安排好银行高层经营管理者的剩余控制权与剩余索取权的对称分配问题相一致。实现人力资本产权激励可以有效激发经理人员的积极性,从根本上解决银行经营管理人员动力不足的问题。

当前人力资本产权激励比例 γ 的选取是一个复杂的过程,这与各国公司治理所处的历史阶段及文化背景密切相关。前面的最优解分析表明当满足经营者激励程度最大和所有者收益最大的约束条件时,理论上不存在一个 γ 的显性最优解,它和奖金激励比例 β 相结合才能找到一个最佳的方案,式 4.16 是两者之间的最优比例关系。我们可以先根据行业状况确定一个奖金激励比例 β,然后根据式 4.16 计算并调整得出人力资本产权激励比例 γ,再根据股权分配方法及 B-S 期权定价法计算出经营者人力资本所有者最终应得到的股权。

引入股权和期权的方式强化人力资本产权激励是一种有效优化激励方式。股份化并实行经营者持股和期权制既可以将经营者的收入与其经营业绩挂钩,又充分考虑到经营者的风险承担能力。合适的激励水平和激励方式充分体现了人力资本产权激励的设计原则,对国有商业银行经营者激励约束机制的完善具有重要意义。

(3) 将资产质量纳入考核体系

银行资产质量直接影响经营绩效,巴塞尔协议也因此对银行的资产质量指标做了相应的最低规定。下一期的资产质量又与经营者的努力程度呈正相关,因此,资产质量是一个有效的信息量。商业银行经营者的努力会改善银行下一期的资产质量,进而会对银行的绩效产生影响。因此,将资产质量作为一个重要的信息量纳入考核体系有助于树立正确的激励约束指导思想,提高国有商业银行的长期经营绩效。

银行给定的激励比率 β、γ 会影响经营者的努力程度,经营者的努力行为会影响资产质量,进而对以后 t 期的银行盈利能力产生影响。所以,把我国国有商业银行资产质量作为考核经营者绩效的重要指标有助于形成适当的激励水平和激励方式,改善商业银行的资产质量,促进国有商业银行长期绩效水平的提升。

(4) 建立长期激励机制

建立长期激励机制可以引入声誉激励机制,让市场在国有商业银行微观治理机制中

---

① 如果一种变革使受益者所得足以补偿受损者的所失,那么这种变革就叫卡尔多—希克斯改进。如果一种状态下,已经没有卡尔多—希克斯改进的余地,那么这种状态就达到了卡尔多—希克斯效率。

发挥作用。此外,还应以制度的形式加以确定,推行期权制并以制度的形式完善长期有效的激励约束机制。加强银行经营者期权激励是当前建立长期激励的一种方式,是将现有股权激励长期化的一种体现,实现经营者的长期效用与商业银行的经营目标相一致,克服短期效用,激励经营者行为的长期化,进而带动商业银行整体战略目标的长远化发展。

(5) 实行激励约束相容

在动态博弈过程中,所有者和经营者的最优纳什均衡为(激励、努力),实现这一策略以提高企业经营效率的前提条件是确定合理的激励因子。在激励的过程中,一方面要实现激励均衡[①],使代理人同样的努力在银行所期望的工作上得到的边际报酬相同,否则经理人分配给各项工作的努力就不会均等;另一方面,要注意实现激励与约束相容,特别是在动态博弈的过程中,经营者实现企业目标的同时获取一定的剩余索取权,获得激励特别是产权激励的同时要注意给予相应的约束以实现激励约束均衡,通过重复博弈达到激励与约束的动态均衡,最终实现经营者和所有者目标效用函数的统一。

国有商业银行激励约束机制的建立要求激励约束相容的同时,还要求动态上的激励平衡。通过前面最优化的计算结果可以看出,无论是经营者的行动选择还是各个时期银行的收入水平均与相关系数(如 a_t、b_{t+1}、q_{t+1} 等系数)的时期数(第 t 期或第 $t+1$ 期)有关,因此这一激励的过程也应该是一个动态的激励过程。特别是将激励与业绩动态关联,既要考虑声誉效应带来的积极效果,又要避免棘轮效应所产生的消极效果,最终实现激励约束与银行长远绩效的动态匹配。

4.4 国有商业银行经营者人力资本产权实现

目前,国有商业银行行长享受相应的行政级别待遇,从收入水平来看,各商业银行经营者的工资、福利待遇和一般的企、事业单位相比处于较高水平,但高收入却未能带来高的工作效率。究其原因,是由于激励的动力不大,既缺乏与业绩挂钩的货币激励,也缺乏与行政激励相挂钩的非货币约束,使得工作动力不足及内部监控机制不完善。在进一步深化改革的过程中,各国有商业银行改革的基本方向是将控制权激励内化于市场型的公司治理体系,使代理人出于自身利益的考虑而追求委托人的利益,充分体现人力资本产权的价值。

4.4.1 国有商业银行经营者报酬的决定因素

理论上,商业银行经理层报酬的决定因素主要有商业银行规模、商业银行业绩、经理层的个人特征、政府管制以及不同的商业银行治理模式。国外的经典计量研究表明:商业银行规模、商业银行业绩、经理层的个人特征对商业银行经理层报酬的影响为正向影响,

---

① 平衡原则是:代理人同样的努力在不同的工作上得到的边际报酬应该一样;否则的话,经理人各项的努力就不会均等。

政府管制对商业银行经理层报酬的影响为负向影响,治理模式对商业银行经理层报酬的影响不显著。

实践中,国有商业银行在改革的过程中不断完善公司治理结构,已经基本完成了经营者薪酬制度的改革,先后实行了行长年薪制度,改善了激励约束机制。国有商业银行分别出台了具体的薪酬改革政策:工行提出继续完善以经营者效益和资产质量为核心的绩效考评体系,进一步加大工资费用与绩效挂钩的力度,启动了分行经营管理者的薪酬制度改革,使其薪酬收入与岗位价值、管理水平和经营业绩紧密挂钩,充分调动了分行经营者的积极性,同时通过延期支付部分绩效工资、加大长期性福利比重等方式,激励其将个人业绩与银行长远利益保持一致;建行提出建立健全管理人员长期激励机制,制定与经营业绩直接挂钩的管理人员长期激励计划;中行提出坚持以绩效、能力和价值创造为导向,建立市场化的人力资源管理制度和有效激励约束制度;农行提出完善对中高级管理人员的考核激励机制,强化阶段性绩效考核和任期考核,研究建立与资产规模、经营业绩、管理水平相挂钩的中高级管理人员考核分配机制。商业银行经营者报酬的理论研究及国有商业银行的改革实践分析表明,国有商业银行经营者报酬决定因素是多方面作用的结果。

(1) 利润指标

在商业银行经营者报酬的决定因素中,商业银行业绩无疑是最重要的因素。尽管利润的多少并不完全取决于商业银行经营者的努力程度,但是利润指标可以对商业银行经营者的能力及努力程度进行间接度量。利润、资产额、风险度等指标通常能反映出经营者的能力和努力程度,报酬通常与这些指标中的部分或全部相挂钩。利润指标标准的缺点是忽略了管理的滞后性和无形性,且有一些指标与管理程度的挂钩难以有效度量。

(2) 股票市场

国有商业银行经营者报酬决定因素要求能够在一定程度上防止商业银行经营者行为短期化,运用市场价格指标衡量商业银行经营者在商业银行经营管理过程中的努力或投入,通过股票价值的市场反映来避免经营者的短期行为。但是采取市场标准要求以健全的资本市场和企业家市场为前提条件,这一条件在我国还不完全具备,因此完全采用市场标准确定企业家薪酬在我国现阶段也还不成熟[159]。国有商业银行在改革的过程中应加强资本市场的建设,在市场作用充分发挥的条件下,将商业银行经营者的报酬与股票价值相联系并参照同行业的定价,可以将商业银行经营者的薪酬与银行的战略目标联系在一起。在股票市场价值指标的基础上建立商业银行经理层的报酬激励机制,有利于使委托人与代理人的利益趋于一致,改善股东与经营者以至利益相关者的福利。

(3) 行为度量

企业家的行为度量以德姆塞茨的比赛理论[160]为基础,同时又体现出经营者人力资本团队生产的特点。金融市场环境的不确定性使得利润指标不能完全反映出商业银行经营者的努力程度和能力,由于商业银行的高技术含量及信息不对称使商业银行经理层的努力程度和能力是"不可观投入",一定程度上无法通过指标来衡量。直接的行为度量即资本所有者对商业银行经理层的直接监督是对指标衡量的必要补充,但行为标准具有很强的主观性,因此,可能导致管理活动的难测度性和成本的高昂。

在进行商业银行经营者的报酬激励方案设计时,每一个经营者报酬决定因素从各自独特的视角影响经营者人力资本产权的实现。因此,三方面的指标结合设计是必要的,而各自的权重就取决于各指标对银行绩效的重要性。在综合平衡各项指标的基础上加强审计监督减少商业银行经营者的"内部人控制",通过利润指标来反映商业银行的经营业绩、股票市场及资本市场的建设,剔除市场"噪音"、行为度量补充以提高综合指标的准确性,此三类指标共同构建我国国有商业银行经营者报酬体系。

4.4.2 国有商业银行经营者的人力资本产权定价

由于核心人力资本在商业银行财富创造中的实现作用,对核心人力资本的长期激励成为国有商业银行重要的制度安排,经营者的人力资本定价成为制度安排的关键。规范化、市场化的薪酬管理体系、岗位职级体系和绩效管理体系是经营者薪酬体系设计的关键,而经营者的人力资本定价导致的薪酬机制变革是经营者人力资本产权机制的外在体现,是国有商业银行经营者人力资本产权实现机制的根本(图4.4)。

(1) 人力资本定价

国有商业银行由计划体制向市场体制转变,经营者特别是商业银行高级人力资本的行政型制度安排也开始向市场型转变,国有商业银行经营者的人力资本定价成为从行政激励成功转向经济激励的关键。国有商业银行经营者人力资本定价要根据对经营者人力资本产权特征的分析,建立市场经济条件基础之下、经济理性人的假设基础之上的货币定价和权利定价,充分满足经营者自身效用最大化的追求,激励其人力资本作用的全面发挥。对经营者人力资本市场定价是依经营者效用实现的途径——货币效用派生出的货币定价、权利效用派生出的权利定价及控制权效用派生出的权力定价等进行定价。

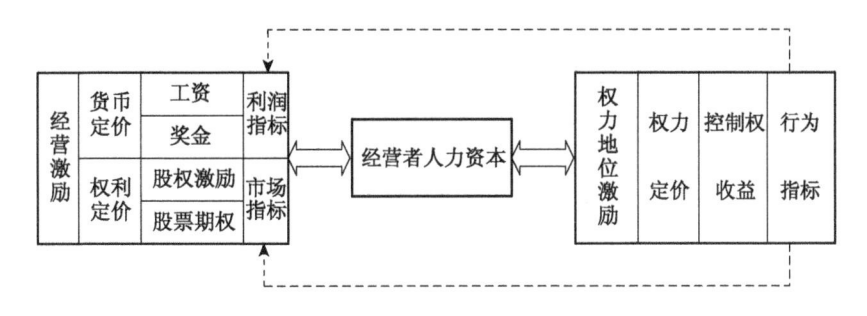

图 4.4 经营者人力资本定价

① 货币定价

货币定价是经营者人力资本产权化的市场表现,是在市场中将经营者人力资本价值用一定货币金额表现出来的直接定价方式,它着眼于经营者的货币效用,通过货币收入的可衡量性来平衡人力资本效用的不可测性。从本质上讲,货币定价是经营者人力资本价值的定价,是经营者人力资本产权的产物,通过经营者市场实现。它的具体形式主要有工资和奖金。

② 权利定价

权利定价是通过赋予经营者一定的经营特权对经营者人力资本间接定价的一种方式,它着眼于经营者追求的权利效用。从本质上讲,权利定价是对经营者人力资本使用价值的定价,通过获取股权的形式体现,是经营者人力资本特性的价值反映。它的具体形式主要有股权激励、股票期权等。

③ 权力定价

权力定价则是经营者人力资本产权定价的必要补充,它着眼于经营者对权力和地位追求的效用。从本质上讲,权力定价是对经营者人力资本的稀缺性的定价,它通过给予成功的高级经营者较高的社会地位及满足经营者的进取心来实现,从而促进经营者人力资本发挥最大作用。它的具体形式主要是职位的提高及经营控制权的增强。

我国国有商业银行普遍使用的控制权激励是权力价值的一个反映,但过多过大的控制权必定导致整个人力资本定价的畸形。实行人力资本产权定价就要把控制权定价转变为权力定价的一个有机组成部分,通过适度的权力定价合理引导经营者人力资本权能的充分发挥。

(2) 报酬安排

人力资本产权定价与报酬安排密切相关,Murphy(1998)对美国 S&P 500 家样本公司中的 177 家最大的公司进行分析表明:金融业 CEO 的报酬结构与一般企业 CEO 的报酬结构有所差别,金融业的权利定价略低于加工制造业的权利定价,但期权方面定价增长的速度高于加工制造业,这表明金融业的权利定价仍有进一步的提升空间[161]。宋增基等(2011)分析银行高级管理人员和银行员工的薪酬差异,表明我国金融业银行高管和员工薪酬差异是比较明显的,特别是银行行长和银行员工的薪酬比(表 4.1)[162]。2013 年,博尔捷人才研究院选择国内十七个城市十大行业进行薪酬调研,发现行业的高层管理人员和基层员工薪酬水平差距进一步加大,可谓"天壤之别"。金融行业中,高管和基层员工之间的薪酬差距甚至达到近 100 倍。

表 4.1 银行高管和员工薪酬比较

	2006 年	2007 年	2008 年	2009 年
行业员工薪酬比	32.923	48.313	50.731	43.614
董事员工薪酬比	23.774	19.791	26.010	22.854
管理层员工薪酬比	30.269	21.932	29.409	27.111

上述研究表明,我国国有商业银行的薪酬水平和薪酬结构仍存在一定的问题。总的来说,我国国有商业银行之间的工资制度和工资水平不同,但实行人力资本产权定价、充分发挥薪酬多元化的激励作用是报酬安排的共同选择。引入经营者人力资本定价后,要构建工资、奖金、股权激励、股票期权、延迟报酬等货币定价与权利定价相结合、短期激励与长期激励相结合的薪酬体系,以制度安排的方式促进国有银行的决策层和行政层更有效地为国有商业银行的整体利益工作。具体的报酬安排表现如下:

工资是经营者报酬结构中最基本的形式,是根据经营者的能力、经验、资历以及所承担的责任、风险等所确定的固定收入。工资经过一定程序制定后,在一定时间中往往不做更改,与银行的绩效不存在相关性,理论上应只占经营者总收入中的很小一部分,以保障其基本生活。

奖金是与银行经营绩效相联系的一种报酬形式,一般是根据经营者的业绩来确定,其作用在于充分调动经营者的积极性和创造性,强化责任意识。经营者的奖金数额一般是与银行的客观绩效相联系的,奖金比例的大小直接影响奖金的激励效果。

股权激励是银行通过赠送给经营者一定股份的形式来激励经营者敬业,通过股权的授予来体现并激励人力资本产权的价值。对于高层管理者来说,拥有股权就意味着对银行资产具有一定的所有权,因此,股权拥有是一种很有效的激励方法。但在使用此激励方法时要特别注意,由于完备的激励并不一定意味着公司可以达到绩效最大化,并且经理对股权的拥有数目受诸多因素的影响[163],因此,合理设计经理股权拥有安排是十分重要的。在我国现有的市场中,可以考虑使用影子股票及股票升值权①来行使股权激励。

股票期权是指赋予经理人员按照事前确定的价格在未来购买本公司一定数量股票的权利。股票期权的主要作用在于它能够促使经营者着眼于银行的长远发展,从长远的角度考虑银行的经营与管理,通过"企业家人力资本定价—授予期权—经营者努力—企业业绩提高—股票价格上涨—分享企业所有权"来实现企业与个人的双赢。股权激励机制以共赢为主导思想,通过利益的纽带,能够有效地解决企业委托—代理关系中代理人道德风险问题,调动代理人的积极性,从而建立起对经营者的一项长期激励制度[164]。

延迟报酬②是根据某种约定或安排确定受益权,到一定期限及满足一定条件后再由经理领取的报酬。股票期权本质上也是一种延迟报酬。美国95%的银行对其董事实行了延迟报酬计划[165]。延期报酬具有避免银行短期支付经营者大量薪酬而导致的不公平感,以及对其特定的支付时间来约束经营者行为等优点,这可以大大缓解我国特有的"59岁现象"。但是要注意的是,当延迟报酬对要求权的限制达到绝对不能实现③[166]的程度时,以前给予的延迟报酬将会影响到经营者当期的经营努力。

总之,对国有商业银行经营者的报酬安排应充分体现经营者特殊的人力资本价值,实现物质资本激励与人力资本激励并重。短期收益一般已不是经营者流动的主要原因,以权利收益为主的权利定价引导的长期收益发挥越来越大的激励作用,这种定价方式关注经营者自身利益的长远性的同时也是企业长期性收益的制度性保障。这种对经营者人力资本权利定价的中长期激励制度安排与银行的战略价值观一致,公司治理的权利制衡方面符合剩余控制权和剩余索取权的对称配置,容易获得中高层人才的认同。因此,以短期收益为主的报酬安排转向长短结合并更看重长期性收益的报酬安排,充分发挥人力资本权力制衡的权利定价和报酬安排是国有商业银行报酬安排发展的必然方向。

---

① 影子股票:即只有分红权而不享有投票权的股票。股票升值权:是指企业并不给经理人实际的股票,但经理有权获得一定数量的股票升值带来的好处。
② 本书所指的延迟报酬,特指经理离职或退休后所获取的报酬,延期报酬的支付采取股权信托或现金信托的方式。
③ 有时企业或银行会用延迟报酬逃税,而非激励本身。

4.4.3 国有商业银行经营者人力资本产权的实现

我国经济体制转轨的现实决定了国有商业银行经营者人力资本产权的实现应采取行政定价与市场定价相结合的双轨定价方式,并且随着经理人市场的完善逐步由双轨定价方式向市场定价方式转变。

国有商业银行经营者人力资本产权的实现步骤。

(1) 打破行政级别限制

行政级别是计划体制下我国国有商业银行经营者追求的主要目标,已经成为银行市场化发展的障碍。国有商业银行特殊的行政型治理模式决定了国有商业银行经营者人力资本产权的实现必须打破现有的行政级别限制,将官员的职能与经理人的职能分开。对国有商业银行经营者人力资本定价必须先取消行政级别,不改变行政级别条件下进行的定价必将失败。在此基础上进行职业生涯激励机制,实现真正意义上的经营权力与经理人市场地位。

(2) 建立控制权收益制度

由于历史的原因和国有商业银行的特殊性,打破行政级别的限制并不能完全取消商业银行经营者行政型控制权的行使,我国国有商业银行高级经营者(主要是行长)取得了对银行的事实控制权。但由于缺乏保证商业银行经营者控制权收益的制度,我国控制权收益的长期不合法性导致激励机制失效。承认经营者拥有控制权的客观现实,建立控制权收益制度,使在职消费等隐性收益显性化、控制权收益阳光化,是人力资本产权实现机制得以实现的必要支撑。

(3) 完善经理人市场

人力资本产权定价的前提是必须保证选拔出来的经营者是真正意义上的经营者。打破行政级别的限制意味着经营者人力资本使用权回归银行,通过经理人市场选拔国有商业银行经营者有助于经营者人力资本定价的实施。建立和完善职业经理人市场,形成一种竞争性的优胜劣汰机制,保证最有能力的人成为银行的经营者是经营者人力资本定价的保障。

(4) 建立健全评价体系

经营者人力资本产权化的根本问题是如何评价和监督经营管理者的行为,人力资本产权的实现取决于人力资本价值的度量,价值度能否实现的关键是评价是否有效。建立科学合理的指标评价体系,把握好经营者绩效评价的标准、体系和方法,建立科学评价、功效挂钩相结合的双效激励机制是经营者人力资本产权化的必要步骤。具体而言,把科学的绩效考评体系引入到激励体制中,功效与实际奖酬相挂钩。按照经营者的岗位职责、工作态度、工作能力、实际贡献以及所作的贡献进行综合评价,特别注重利润指标、股票市场和行为度量与经营者报酬的关联度设计。

(5) 实行定价

2000年9月,国务院办公厅转发的国家经贸委《国有大中型企业建立现代企业制度和加强管理的基本规范(试行)》中明确指出:"对经营管理者可以试行年薪制、持有股权、股票期权等分配方式",这为国有商业银行经营者人力资本产权定价提供了相应的制度依据。

经营者人力资本产权定价可以采取货币定价、权利定价与权力定价相结合的方式。在经营者由市场选拔、银行任命的制度下,在控制权收益制度建立、评价体系完善的条件下,可以推行国有商业银行行长年薪＋权利定价的制度[①]。

(6) 实现权利

人力资本产权实现机制的根本就是实现其产权权利,是经营者通过各种方式所获得的股票及相应的权利通过资本市场来行使权利。股权激励作为一种远期收入制度可以改善国有商业银行的产权结构,特别是股票期权对于行权条件的设定可以避免趋于僵化的分配制度;股权定价可以根据资本市场和经理人市场的状况适时推出,结合年薪制及控制权收益制度共同设立,依托市场有效评判经营者的绩效和个人价值,并最终通过市场实现其经济价值。

总之,经营者人力资本产权的实现需要相应配套的法律、制度、文化为保障,是报酬因素与人力资本产权定价因素有机统一的复杂过程。货币定价、权力定价与权利定价配合进行是经营者人力资本合理定价的保障,引入人力资本产权要特别关注权利定价。权利体现的是长期的、以业绩为基础的未来的收入,权利的制定与国有商业银行的战略目标要相一致。应对国有商业银行经营者有效的激励进行积极地探索、对国有商业银行经营者人力资本产权实现进行积极地试验,最终找出国有商业银行公司治理的最佳权力制衡制度,促进国有商业银行公司治理结构的改善和国有商业银行的可持续发展。

4.5 本章小结

从人力资本产权特征与公司治理的相互影响出发,围绕人力资本作用的发挥和控制重构国有商业银行公司治理结构,这是对现有国有商业银行公司治理结构的挑战与创新研究。在治理结构重构的基础上,通过不完全信息动态博弈模型分析国有商业银行公司治理结构的微观设计与运行,运用委托—代理模型及对其最优解的分析构建商业银行经营者激励约束机制。进一步对国有商业银行经营者有效的激励进行积极的探索,寻求国有商业银行经营者人力资本产权价值实现和国有商业银行公司治理的最佳权力制衡之间的均衡,最终得出国有商业银行经营者人力资本产权实现的具体路径。

[①] 年薪是经营者人力资本价值的即期货币表现,以工资和奖金为主;权利是经营者权利的远期表现,以股权、股票期权为主。

第五章
人力资本产权与
国有商业银行外部治理机制分析

市场治理机制、监管机制和债权人相机治理机制是国有商业银行外部治理机制的主要体现,从人力资本产权的视角出发,以人力资本产权为外部治理机制与内部治理相结合的纽带,分别研究市场治理机制、监管机制和债权人相机治理机制,并实现人力资本产权影响下市场治理机制、监管机制与债权人相机治理机制的有机统一。

5.1 国有商业银行市场治理机制

我国银行业经过30多年的改革与发展,逐渐走向市场化的运作轨道,市场化的组织框架已初步形成。市场结构作为公司治理机制的外部影响因素之一,也是公司治理场的重要影响因子之一,因此市场结构的优化对国有商业银行公司治理的改革具有重要的意义。

5.1.1 我国银行业市场结构分析

(1) 银行业规模分析

2009年至2012年国有商业银行与股份制商业银行相比,无论是资产总额,还是营业机构数、职工的数量都占有规模上的绝对优势(见表5.1、表5.2)。尽管这一比例呈逐年下降的趋势,但近年来国有商业银行的资产份额仍占据我国商业银行资产总额的65%以上,在机构网点上的分布更是10倍于一般的股份制商业银行的数量,职工人数5倍于一般的股份制商业银行的数量,这些统计数据充分表明国有商业银行的市场垄断地位。特别是国有独资银行的垄断地位使我国的银行业处于高度垄断的行业结构状态,国有商业银行在银行业市场化进程中的垄断优势地位阻碍了我国银行业的市场结构形成公平、有效的市场竞争平台,对公司治理机制的竞争性要求形成一个天然的屏障。

表 5.1　2009—2012 年中国银行业的资产份额　　（单位：亿元、%）

	2009 年 资产总额	占比	2010 年 资产总额	占比	2011 年 资产总额	占比	2012 年 资产总额	占比
中国工商银行	117 850.53	21.60	134 586.22	19.91	154 768.68	19.57	175 422.17	19.14
中国农业银行	88 811.55	16.27	103 341.39	15.29	116 775.77	14.76	132 443.42	14.45
中国银行	77 713.53	14.24	104 597.70	15.48	118 300.00	14.96	126 806.15	13.84
中国建设银行	96 233.55	17.63	108 103.17	16.00	122 818.34	15.53	139 728.28	15.25
交通银行	32 949.08	6.04	39 516.47	5.85	46 111.77	5.83	52 733.79	5.75
国有商业银行合计	400 890.15	73.46	490 144.95	72.53	558 774.60	70.65	627 133.81	68.44
邮政储蓄银行	26 972.71	4.94	33 961.34	5.03	41 244.64	5.21	49 152.99	5.36
中信实业银行	17 750.31	3.25	20 813.14	3.08	27 658.81	3.50	29 599.39	3.23
中国光大银行	12 000.00	2.20	14 839.50	2.20	17 333.46	2.19	22 792.95	2.49
华夏银行	8 454.56	1.55	10 402.30	1.54	12 441.41	1.57	14 888.60	1.62
中国民生银行	14 263.92	2.61	18 237.37	2.70	22 290.64	2.82	32 120.01	3.51
广东发展银行	6 664.87	1.22	8 143.90	1.21	9 189.82	1.16	11 681.50	1.27
深圳发展银行	5 878.00	1.08	7 276.10	1.08	12 581.77	1.59	16 065.37	1.75
招商银行	20 679.41	3.79	24 025.07	3.55	27 949.71	3.53	34 082.19	3.72
兴业银行	13 321.62	2.44	18 496.73	2.74	24 087.98	3.05	32 509.75	3.55
上海浦发银行	16 227.00	2.97	21 914.11	3.24	26 847.00	3.39	31 457.00	3.43
恒丰银行	2 137.64	0.39	2 741.18	0.41	4 373.00	0.55	6 179.00	0.67
浙商银行	1 634.18	0.30	2 173.12	0.32	3 018.58	0.38	3 938.39	0.43
渤海银行	1 175.16	0.22	2 650.86	0.39	3 124.88	0.40	4 721.02	0.52
股份制商业银行合计	117 849.76	21.60	151 713.38	22.45	190 897.10	24.14	240 035.17	26.20
总计	545 712.62	100.00	675 819.67	100.00	790 916.34	100.00	916 321.97	100.00

资料来源：根据《中国金融年鉴》(2010—2013) 整理计算而得。

表 5.2　2009—2012 年中国银行业的规模机构数与员工人数　（单位：亿元、%）

	2009 年 机构数	员工人数	2010 年 机构数	员工人数	2011 年 机构数	员工人数	2012 年 机构数	员工人数
中国工商银行	16 394	389 827	16 430	397 339	16 648	408 859	17 125	427 356
中国农业银行	23 624	440 830	23 486	485 463	23 461	489 555	23 472	498 424
中国银行	10 961	262 566	11 058	279 301	10 951	289 951	11 277	275 637
中国建设银行	13 384	301 537	13 415	313 867	13 581	329 438	14 121	355 290
交通银行	2 648	79 122	2 643	83 762	2 637	88 480	2 701	94 475
国有商业银行合计	67 011	1 473 882	67 032	1 559 732	67 278	1 606 283	68 696	1 651 182
邮政储蓄银行	36 869	137 736	37 145	142 788	37 987	157 748	39 087	169 725
股份制商业银行合计	4 696	195 208	5 347	234 071	5 907	280 118	6 708	327 981

续表

	2009年		2010年		2011年		2012年	
	机构数	员工人数	机构数	员工人数	机构数	员工人数	机构数	员工人数
城市商业银行合计	143	177 765	147	206 604	144	223 238	144	259 261
农村商业银行合计	43	66 317	85	96 741	212	155 476	337	220 042
农村信用社合计	3 056	570 366	2 646	550 859	2 265	533 999	1927	502 829
农村合作银行合计	196	74 776	223	81 076	190	70 115	147	55 822
外资金融机构合计	37	32 502	40	36 017	40	42 269	42	44 560
总计	112 051	2 728 012	112 665	2 907 888	114 022	3 044 858	117 758	3 231 731

资料来源：根据《中国金融年鉴》(2010—2013)整理计算而得。

(2) 市场份额分析

由于我国国有商业银行形成的历史性原因及政策性原因，国有商业银行在资产、机构、人员规模上占有绝对的垄断地位。存款份额、贷款份额可反映出商业银行的经营管理状况，用存款份额、贷款份额来进行市场份额的分析更有助于比较现实市场中各银行的市场竞争地位，有助于实现对银行业市场治理机制的认识[①]。2009年至2012年国有商业银行在规模上远远大于一般性的股份制商业银行，规模优势的存在使得国有商业银行在存款份额、贷款份额都在68%以上也具有较大的优势(见表5.3、表5.4)，但两者之间的差距已呈逐年下降的趋势。

表5.3　2009—2012年中国银行业的存款份额　　　（单位：亿元、%）

	2009年		2010年		2011年		2012年	
	存款总额	占比	存款总额	占比	存款总额	占比	存款总额	占比
中国工商银行	97 712.77	17.51	111 455.6	16.77	122 612.2	16.19	136 429.1	15.70
中国农业银行	74 974.42	13.43	88 876.2	13.37	96 216.44	12.70	108 623.9	12.50
中国银行	58 878.43	10.55	66 016.96	9.93	78 069	10.31	81 110.74	9.33
中国建设银行	80 013.23	14.34	90 753.69	13.65	99 874.5	13.19	113 430.8	13.05
交通银行	24 389.42	4.37	29 309.92	4.41	32 832.32	4.33	37 284.12	4.29
国有商业银行合计	335 968.27	60.20	386 412.3	58.14	429 604.5	56.72	476 878.6	54.86
邮政储蓄银行	26 066.01	4.67	32 376.7	4.87	34 036.97	4.49	40 495.4	4.66
股份制商业银行合计	91 038.13	16.31	112 635.7	16.95	133 025.2	17.56	157 566.6	18.13
城市商业银行合计	46 143.98	8.27	60 376.92	9.08	72 082.16	9.52	85 038.57	9.78
农村商业银行合计	11 213.21	2.01	22 347.25	3.36	32 941.65	4.35	49 516.02	5.70
农村信用社合计	47 306.73	8.48	50 409.95	7.58	55 698.92	7.35	59 724.84	6.87
城市信用社合计	395.57	0.07	97.73	0.01	55.19	0.01	—	
总计	558 131.90	100.00	664 656.55	100.00	757 444.55	100.00	869 220.01	100.00

资料来源：根据《中国金融年鉴》(2010—2013)整理计算而得。

---

① 本书计算比例时用的总额仅采用金融机构占绝对优势的国有商业银行和股份制商业银行的数据，实际比例结果偏高，但这并不影响总体的分析。

表 5.4　2009—2012 年中国银行业的贷款份额　　　　（单位：亿元、%）

	2009 年		2010 年		2011 年		2012 年	
	贷款总额	占比	贷款总额	占比	贷款总额	占比	贷款总额	占比
中国工商银行	57 286.26	16.49	67 905.06	16.29	72 068.76	15.08	88 036.92	15.84
中国农业银行	41 381.87	11.91	47 723.00	11.45	56 287.05	11.78	64 333.99	11.57
中国银行	49 103.58	14.14	56 606.21	13.58	63 428.14	13.27	68 646.96	12.35
中国建设银行	48 197.73	13.87	56 691.28	13.60	61 089.83	12.78	75 123.12	13.51
交通银行	18 393.14	5.29	22 197.46	5.32	25 617.50	5.36	29 472.99	5.30
国有商业银行合计	214 362.58	61.71	251 123.01	60.23	278 491.28	58.27	325 613.98	58.57
股份制商业银行合计	65 080.20	18.73	82 612.90	19.81	98 128.27	20.53	108 946.89	19.60
城市商业银行合计	28 632.36	8.24	35 601.34	8.54	43 374.15	9.08	50 793.38	9.14
农村商业银行合计	6 937.88	2.00	13 549.89	3.25	21 149.55	4.43	32 195.64	5.79
农村信用社合计	32 156.31	9.26	33 972.91	8.15	36 715.91	7.68	38 370.09	6.90
城市信用社合计	213.5	0.06	66.23	0.02	36.83	0.01	—	—
总计	347 382.83	100.00	416 926.28	100.00	477 895.99	100.00	555 919.98	100.00

资料来源：根据《中国金融年鉴》(2010—2013)整理计算而得。

(3) 银行业集中度分析

市场集中度是用于表示在特定产业或市场中，卖者或买者具有怎样的相对的规模结构的指标[167]。市场集中度是反映特定市场的集中程度的指标，与市场中垄断力量的形成密切相关。衡量一个市场集中度的高低主要有两种方法：绝对法和相对法[167]。本书采用绝对法中的行业集中度指数(CR_n)及赫芬达尔—赫希曼指数(HHI)进行判断，即通过结构化的市场集中率指标与非结构化的 HHI 指数进行判断[168]。

在我国商业银行的公司治理分析中，重点考查的是 5 大国有商业银行、邮政储蓄银行和 12 家股份制商业银行的公司治理①；此外，从我国商业银行的实际情况来看，这 18 家商业银行目前占据市场份额的绝大部分，除这 18 家以外的其他商业银行所占的市场份额很小。在计算集中度时，营业收入与净利润的市场份额由前 18 家商业银行之和代替，其他指标的市场总额由国有商业银行、股份制商业银行、农村商业银行、城市商业银行、农村信用社和城市信用社的相关数据构成。

① CR_n 指数

行业集中度(CR_n)是最常用、最简单易行的绝对集中度的衡量指标，是指行业内规模最大的前几位企业的有关数值占整个市场或行业的份额。行业集中度综合反映了企业数量和规模这两个决定市场结构的重要方面，CR_n 值越大，表明行业的垄断性就越高。银行业 CR_n 的计算公式为

$$CR_n = \sum_{i=1}^{n} X_i \Big/ \sum_{i=1}^{N} X_i$$

---

① 此处的 18 家银行是指中国工商银行、中国农业银行、中国银行、中国建设银行和交通银行 5 家国有商业银行，邮政储蓄银行和中信实业银行、中国光大银行、华夏银行、中国民生银行、广东发展银行、深圳发展银行(平安银行)、招商银行、兴业银行、上海浦发银行、恒丰银行、浙商银行和渤海银行 12 家股份制商业银行。

其中：CR_n——银行业中规模最大的前 n 家银行的行业集中度；

X_i——第 i 家银行所占的市场份额；

n——银行业中前 n 位银行的数量；

N——银行业中的银行总数。

② HHI 指数

赫芬达尔—赫希曼指数（HHI 指数），简称 H 指数，是某特定行业市场上所有企业的市场份额的平方和。用 HHI 指数来分析银行业的市场集中度可以表明几家大银行在市场上所占的份额在其内部是如何分布的，它的当量值 $N(N=1/HHI)$ 用来表示规模相等的银行数目。用公式表示为

$$HHI = \sum_{i=1}^{n}(X_i/X)^2 = \sum_{i=1}^{n}S_i^2$$

其中：HHI——赫芬达尔—赫希曼指数；

X_i——第 i 家银行所占的市场份额；

X——银行业的市场总额；

S_i——第 i 家银行的市场占有率；

n——银行业内的银行数。

CR_5 值分析表明（见表 5.5）：中国银行业集中度指标 CR_5 值均在 50% 以上，营业收入和净利润更是达到 70% 以上[①]。HHI 和 N 指数值分析表明（见表 5.6）：HHI 在 2009 年至 2012 年期间基本呈下降趋势，市场中平均有 7～8 家银行在资产、营业收入、净利润方面相当，有 4～5 家银行在机构数方面相当，有 6～7 家银行在员工数方面相当。国有商业银行数据分析表明，到目前为止，国有商业银行的市场垄断程度仍然较高，国有商业银行长期以来处于垄断地位。但从整体趋势上来看，各项资产规模指标及集中度指标明显高于 2000—2003 年的数据（见表 5.7），表明银行业的集中度有逐年下降的趋势，我国银行业的市场结构正在经历从高度垄断到竞争程度不断增加的进化过程，国内银行业寡头垄断的市场结构正在向垄断竞争的市场结构过渡。

表 5.5　中国银行业集中度指标的 CR_5 值[②]　　　　　　　　（单位：%）

年份	资产	存款	贷款	营业收入	净利润	机构数	员工数
2009	59.81	60.20	61.71	76.03	80.56	59.80	54.03
2010	57.94	58.14	60.23	74.25	78.19	59.50	53.64
2011	55.58	56.72	58.27	71.97	74.74	59.00	51.95
2012	53.05	54.86	58.57	70.25	73.33	58.34	51.09

资料来源：根据《中国金融年鉴》（2010—2013）及人民银行相关统计资料整理计算而得。

---

① 注：此计算方法会导致营业收入和净利润偏高。

② CR_5 中的前 5 大银行是指中国工商银行、中国农业银行、中国银行、中国建设银行和交通银行 5 家银行。

表 5.6　中国银行业指标的 HHI 和 N 指数值(2009—2012)　　　（单位：%）

年份	指标	资产	存款	营业收入	净利润	机构数	员工数
2009	HHI	0.129 1	0.133 0	0.148 4	0.161 0	0.211 6	0.164 3
	N 指数	7.75	7.52	6.74	6.21	4.73	6.09
2010	HHI	0.124 3	0.128 6	0.131 0	0.146 1	0.209 5	0.161 0
	N 指数	8.05	7.78	7.63	6.84	4.77	6.21
2011	HHI	0.119 2	0.125 4	0.125 4	0.136 2	0.209 2	0.153 8
	N 指数	8.39	7.98	7.97	7.34	4.78	6.50
2012	HHI	0.113 7	0.122 2	0.120 8	0.131 0	0.204 4	0.147 8
	N 指数	8.80	8.18	8.28	7.64	4.86	6.76

表 5.7　中国银行业指标的 HHI 和 N 指数值(2000—2003)　　　（单位：%）

年份	指标	资产	存款	贷款	营业收入	净利润	机构数	员工数
2000	HHI	0.197 9	0.192 2	0.195 4	0.206 4	0.199 9	0.278 2	0.244 6
	N 指数	5.05	5.20	5.12	4.84	5.00	3.59	4.09
2001	HHI	0.189 1	0.186 5	0.195 5	0.174 1	0.170 5	0.269 4	0.236 5
	N 指数	5.29	5.36	5.12	5.74	5.87	3.71	4.23
2002	HHI	0.179 4	0.173 1	0.177 8	0.162 8	0.166 0	0.262 5	0.233 7
	N 指数	5.57	5.78	5.62	6.14	6.03	3.81	4.28
2003	HHI	0.169 9	0.177 1	0.178 7	0.156 2	0.122 4	0.265 3	0.234 5
	N 指数	5.89	5.65	5.60	6.40	8.17	3.77	4.26

(4) 市场状态及趋势分析

我国银行业的垄断状态及其向垄断竞争过渡转移，既受到市场机制作用的影响，同时又受到政策因素和制度变迁的影响，表现为一定的制度状态和趋势发展，具体体现在行政型高度垄断状态、银行业进入壁垒、银行业市场格局调整和政府的角色转变等几个方面。

① 行政型高度垄断状态

从上面的分析中我们可以看出，我国国有商业银行长期处于垄断状态，市场结构由寡头垄断向垄断竞争过渡未能从根本上改变行政型高度垄断状态。从国际银行业来看，银行集中化是由现代的格雷欣定律所决定的必然趋势，"安全至上"和"太大而不能倒"的意识规律支配着存款人的理性选择，适度的银行业集中和市场垄断结构是正常的。但我国国有商业银行这种行政型高度垄断状态和向垄断竞争过渡的阶段既不是在市场竞争中自发形成的，也不是基于规模经济和效率的要求，造成这一现状的主要原因是制度性因素作用的结果。在政策性因素的影响下，外资银行进入壁垒和中小商业银行难以与国有商业银行的整体雄厚实力抗衡，在一定程度上促进了国有商业银行垄断地位的存续和比较优势的维持。

银行业的集中化所形成的市场垄断在某种程度上取决于银行管制的政策取向,国家对商业银行的管制将随着经济的发展逐渐放宽,国内外的金融机构和非金融机构都将与国有商业银行展开激烈的竞争,逐渐形成一种自发市场竞争状态下的垄断竞争市场结构,直接影响商业银行的公司外部治理机制。

② 银行业进入壁垒

由于银行业在国民经济体系中的独特地位,任何国家商业银行的建立和发展都需要相应的制度、法律体系来约束其行为以避免金融风险的发生。我国银行业的市场准入限制很多,除了一般的经济性壁垒外,还有突出的行政性壁垒,即市场准入方面的政策限制,具体表现在法律法规限制、外资银行的准入限制以及所有制限制等三个方面。

我国银行业处在转轨经济时期,市场准入较世界其他国家的准入门槛要严格得多,相关的法规和制度不完善及多变导致市场准入成本偏高。政府对市场准入实行管制,只有获得政府批准的企业才能经营,那么企业一旦获得批准,就获得了垄断权力,也就获得了垄断租金[158]。银行业在政府的管制和垄断租金的庇护下发展,无论是国有商业银行的股东还是政府监管者都倾向于政绩而非经济化指标和风险程度指标,银行管理者更倾向于获取权力而非执行权力,这种状态下的管制必然形成权力寻租甚至腐败。

银行业市场准入条件较严和准入成本较高不仅不利于竞争机制的完善,而且会导致新的竞争主体难以进入、现有银行难以退出市场。作为特许经营行业的银行业一旦全面开放,必然会吸引众多民间资本和外资介入,资本市场的开放将赢取巨大的市场机遇,形成新的市场结构。这又与复杂的投资准入政策的排他性相互博弈,金融市场在庞大的金融业市场需求与投资垄断体制独占性的矛盾中发展,这必然形成新的过渡性的银行公司治理外部机制以适应转轨时期的市场结构。

③ 银行业市场格局调整

近年来随着国民经济的主体和增长点向非国有部门转移,我国银行业市场格局处于不断调整之中,国有商业银行的绝对垄断地位被打破,垄断竞争的市场格局越来越明显,国有商业银行之间、国有商业银行和非国有商业银行之间在以存、贷款为主体的市场上展开了全方位的竞争。商业银行之间的竞争产生了多方面的结果,这种综合平衡过程中的市场格局部分归因于体制变动和政策性调整,表现为市场竞争的长期趋势反映。

政策性因素的强势影响及国有商业银行的垄断地位使得国有商业银行的外部市场几乎失去作用,特别是对经营者的影响微乎其微。银行业市场格局的不断调整将促进政策性因素的影响减弱,市场竞争机制的力量增强,在结构调整的过程中逐渐完善产品市场、资本市场及经理人市场,对国有商业银行的经营者施以外部市场约束力量,进而促进国有商业银行公司外部治理机制的完善。

④ 政府的角色转变

政府对我国银行业的市场结构产生巨大的影响,在相当长的一段时间内政府对市场结构的形成和发展起了决定性的作用。实践中,政府曾经试图通过行政和法律手段划定各类机构的势力范围和预先规定市场结构,然而这些努力都受到市场的强烈反对,不断出现的金融秩序变更正是进行反叛的极端表现形式[169]。但是从世界银行业的发展格局和趋势来看,政府最终会退出强干预领域,加强银行经营机构的自主权,在实践的竞争指导中形成符合市场规律的竞争机制。

我国银行业市场所处的内外环境变化要求政府的角色发生转变,政府应尽快消除对银行业的直接干预而转变为间接调控和金融监管。银行业的市场结构及变化内生地要求政府金融监管的重点由合规性审查转移到风险防范中来,现实中我国政府对银行业的监管也正在朝这个方向努力和发展,更多的直接干预性工作转变为政策引导和宏观调控方面,政府的角色转变直接促进了外部机制的进化并体现出相应的价值。

5.1.2 银行业市场结构对国有商业银行公司治理的影响

市场竞争机制是一种重要的外部治理机制。外部治理机制通过隐性的激励约束来影响经营者,进而影响企业内部治理结构。外部治理机制与内部治理结构相互作用形成两种重要的公司治理场力,共同构筑公司治理场。国有商业银行处于由完全垄断市场向垄断竞争市场过渡的特殊阶段,独特的市场结构使得市场外部治理机制的作用明显弱于非金融企业,合理设计市场治理机制并实现其作用是国有商业银行人力资本产权制度设计和公司治理机制完善的关键。在引入人力资本产权的条件下,外部治理市场(包括产品市场、公司控制权市场和经理市场)通过对经营者行为的激励约束进而影响国有商业银行公司治理(见表5.8)。

表5.8 市场竞争对银行治理的作用

市场类型	作用形式	信号显示机制	激励约束机制
产品市场		企业财务指标	盈亏机制、破产机制
控制权市场		资本市场价值指标	接管机制、破产机制
经理人市场		声誉机制	竞争机制、选聘机制

(1) 产品市场与经理人行为

产品市场的竞争迫使企业采用成本最小化的生产技术和高效率的治理结构,高效率的企业通过抢夺低效率企业的业务,将低效率的企业挤出市场的方式来催生有效的治理机制。当潜在的竞争对手容易进入行业时,竞争的选择效应甚至能通过市场力量消除低效的治理结构,产品市场上的激烈竞争使公司治理的模式变得不那么重要[170-171]。但是,银行业的高垄断性和信息密集性使得外部进入产生的威胁还不是很大。缺少外部的竞争压力,现有国有银行的低效就可能继续存在[172-174]。对于垄断企业的经理而言,他比竞争企业的经理有更大的自由不最大化企业的价值[175],国有商业银行的经理行为选择也更多地受制于行政约束而非市场约束。随着国有商业银行市场化改革的进程加快,市场结构的变化使得市场竞争趋于激烈,国有商业银行经营者的压力增大。市场竞争对企业家的压力和激励可以归纳为两个方面[138]:一是市场竞争能在一定程度上揭示有关企业家能力和努力程度的信息,而这些信息原本是企业家的私人信息,市场竞争的信号显示机制会影响经理人行为,为企业家报酬机制、控制权机制和声誉机制发挥作用提供信息基础;二是市场竞争的优胜劣汰机制对企业家的控制权形成一种威胁,但在形成压力的同时也成为企业家激励力量的来源。国有商业银行凭借垄断地位和规模优势,在"太大而不能倒"的理论支撑和国家政策倾向的现实状态下,银行破产的可能性极小,但是国有商业银行股份制改造和上市过程中所发出的信号显示及产品市场的盈亏信号显示无疑会对经营者的职业生涯产生重要的影响,成为其人力资本预期价值的重要标志。

(2)控制权市场与经营者人力资本产权价值

公司控制权市场的竞争运行机制表现为接管机制或并购机制,股东价值最大化往往成为公司接管或并购的动因。接管或并购在一定程度上可以缓解两权分离的问题,影响到经营者人力资本产权的价值。公司控制权市场的存在大大削弱了所谓的所有权与控制权的分离问题[176],通过接管对低努力程度和低能力的企业家构成一种威胁。接管发生后,企业家人力资本产权的价值随之发生变化,附着在企业家控制权上的职务租金(如声誉、在职消费等)将随之消失,迫使其增加努力程度,约束自己的机会主义行为。银行间的控制权的转移与一般行业有很大差别。银行之间的并购很少,同时银行的业绩和银行高层管理人员的去留没有什么关系[177]。研究证明,股东价值最大化很少成为银行间并购的动因[178-179],且跨行业的并购行为远远少于同业间的并购[179-180]。到目前为止,来自收购接管的威胁对于整个银行业来说也还不是很大,尚不足以对经营者人力资本产权价值产生重大影响。可以预见在相当长的时间内,银行业是可以免受敌意收购威胁的,这意味着国有商业银行经营者在受到政府保护的同时也受到了来自于资本市场的保护。国有商业银行对高级经营者的人力资本予以人力资本产权化时要充分注意到这一特殊状况,以效率机制和声誉机制等其他的外部治理机制来实现对控制权市场的补充,实现人力资本产权下国有商业银行内部公司治理结构与外部公司治理机制的均衡。

(3)经理人市场与人力资本产权实现

市场进入壁垒在银行业很难逾越,控制权市场也为银行家提供了一道天然的保护屏障,银行的声誉及银行家市场的声誉机制在银行业中发挥着重要的作用,构成商业银行市场治理机制的重要组成部分并直接影响银行家的人力资本价值。声誉是市场有关个人行为和能力等方面信息的一个综合反映。在竞争的市场中,声誉的好坏直接影响经理人人力资本价值的信号显示,声誉是决定个人价值的重要因素[158],声誉越好人力资本价值得到实现的可能性越大,越有可能得到高的薪酬。在竞争的经理人市场上,经理人与整个市场之间进行的是一个重复博弈,市场根据观察到的业绩给经理人不断重复定价。经理人如果不努力,其业绩表现就会不佳,人力资本的市场价值就会下降,经理人对自身声誉(决定其市场价值)的关心足以诱使他为股东努力工作[158]。

经理人市场作为银行公司治理的一种外部治理机制,能够有效地反映银行家的声誉,对于银行经理人员的激励约束机制和改善银行公司治理可以发挥积极的作用。在银行家市场中,银行家需要具备非常专业的知识和经验技能,银行家的人力资本产权具有极强的专有性和专用性。在一个相对封闭的银行家市场中,进入和退出本行业都有较大的壁垒。银行家市场的完善对市场的声誉机制与人力资本产权实现具有重要意义。在经理人市场上,如果每一个企业的经理人都是由政府来挑选的,那么经理人在市场上信誉的好坏就不是很重要了,重要的是经理人能否与政府部门搞好关系。这样,经理人就不会注重自己的声誉,企业也就不会有积极性讲信誉[158]。市场的封闭性和渐进的银行市场结构转变过程中,要充分完善银行家市场,建立公正公平的竞争环境,建立银行家适度流动的市场机制,使银行家市场的声誉机制对银行家人力资本产权价值产生如下影响:衡量银行家能力的重要标准是创新,银行家所进行的创新是监管下的创新,是体现在市场机制之上监管环境之下的创新,这种创新要在市场机制下产生,更要在市场竞争机制中应用和检验,在实践中形成银行家的声誉机制;银行家人力资本的价值,主要取决于政府、企业和个人对他们的信赖,银行家市场的声誉机制是这种信赖的根源和基础;银行家人力资本的投入不仅要有初始的投入,而且必须要持续地投入以适应客观经济形势的变化[181],银行家市场机制是这种再投资得以收回、人力资本价值增加得以实现的保障;银行业是高风险的行业,不仅有来自经营管理上的风险,而且有来自体制上的风险,众多的风险构成了对银行家人力资本评价的一个重要指标,即控制风险的能力成为银行家人力资本构成的要素,这种要求远远高于一般企业,银行家市场机制及声誉机制应该成为衡量长期风险控制能力的依据。最终通过银行家市场的声誉机制与人力资本产权价值的互动影响来推动国有商业银行外部治理机制的发展与完善。

5.2 国有商业银行监管机制

政府实施金融监管是为了保障社会公众利益而对市场过程失效或低效的一种反应,是纠正金融市场垄断性、外部性、脆弱性等所引起的市场失灵的制度性安排[182-184]。政治压力在公司治理机制的演变中与经济压力一样重要[185]。伴随着国家政策的大力支持,德国和日本等国在19世纪末塑造了强有力的银行机制[186],银行业的监督和管制成为商业银行公司治理机制特殊性的主要表现。政府对银行业的监管是一种特殊的约束机制,是一种替代弱化的银行控制权机制的约束机制,在弱化商业银行外部公司治理机制的同时又作为一种外部治理力量来加强外部公司治理机制。对银行业的金融监管是在平衡各方利益的同时形成一种附加的外部力量,在微观层面和宏观层面都对商业银行的公司治理结构和公司治理机制施加影响。

5.2.1 国有商业银行监管及其对银行公司治理的影响

(1) 国有商业银行的外部监管环境

从银行合约参与者——存款人的微观视角出发,对商业银行的监管主要是保护利益相关者的利益,特别是着眼于保护一般存款人及金融商品消费者的合法权益[187]。处于转轨时期的我国国有商业银行承担了双重责任①,监管机构应围绕监管目标设置,银行监

---

① 既要担负起为经济发展提供金融资源支持的经济责任,又要承担为体制转轨提供制度供给的历史责任。

管的目标定位应该能够反映政府规范银行业经营行为方向的必然性要求。根据银行监管目标的定位,我国银行业的监管体制也经历了一个逐步发展和演进的进程。1984年,随着四大专业银行的建立,中国人民银行开始专门行使中央银行职能,执行对银行和非银行金融机构以监督、检查为主的监管职能。1992年,我国金融机构的不断增多导致竞争激烈,出现宏观金融失控和金融秩序混乱的状况,金融监管的重要性逐渐提高。1995年,《中华人民共和国中国人民银行法》颁布实施,首次以国家立法的形式确立了中国人民银行作为中央银行的地位,明确其基本职责是在国务院领导下,制定与实施货币政策,并对金融业进行监督管理。1998年,针对亚洲金融危机的严峻局势和我国经济金融的实际情况,我国对金融监管体制进行了重大改革,开始建立分业监管体制,实施中国人民银行与证监会、保监会分别对银行、证券、保险行业分业监管的体系。2003年4月28日,中国银行业监督管理委员会的成立标志着我国银行监管职能从中央银行分离出来,实现了中国人民银行货币政策制定与执行职能和银行监管职能的历史性分拆。至此,我国初步建立了以银行规范经营监管为主,市场监督、内部审计为辅,以现场和非现场稽核为主要监管手段,市场准入、业务运营、市场退出为重点监管环节的商业银行监管体系。2004年6月26日,巴塞尔委员会正式公布《统一资本计量和资本标准的国际协议:修订框架》,即资本监管制度的新框架,被称之为《巴塞尔新资本协议》(简称《新协议》)。《新协议》于2006年实施,它的三个"支柱"是最低资本要求、监督检查和市场约束。我国银监会也相应出台了《商业银行资本充足率管理办法》,要求商业银行在2006年底必须实现资本充足率不低于8%,核心资本充足率不低于4%。根据我国银行业的实际情况制定推行《新协议》,并采用"两步走"以及"双轨制"的策略。这些措施和举措表明我国银行业的监管进一步和国际接轨,银行业的监管体系进一步完善。

2010年12月16日,巴塞尔委员会发布了《第三版巴塞尔协议》(Basel Ⅲ),并要求各成员经济体两年内完成相应监管法规的制定和修订工作,2013年1月1日开始实施新监管标准,2019年1月1日前全面达标。我国银监会相应出台了《中国银监会关于中国银行业实施新监管标准的指导意见》:"将现行的两个最低资本充足率要求(一级资本和总资本占风险资产的比例分别不低于4%和8%)调整为三个层次的资本充足率要求:一是明确三个最低资本充足率要求,即核心一级资本充足率、一级资本充足率和资本充足率分别不低于5%、6%和8%;二是引入逆周期资本监管框架,包括:2.5%的留存超额资本和0～2.5%的逆周期超额资本;三是增加系统重要性银行的附加资本要求,暂定为1%。新标准实施后,正常条件下系统重要性银行和非系统重要性银行的资本充足率分别不低于11.5%和10.5%;若出现系统性的信贷过快增长,商业银行需计提逆周期超额资本"①。同时,建立杠杆率监管标准,即一级资本占调整后表内外资产余额的比例不低于4%,弥补资本充足率的不足,控制银行业金融机构以及银行体系的杠杆率积累[188]。

银行监管的目标定位和外部监管环境的变化直接影响国有商业银行的外部治理机制。对于现代商业银行而言,良好的公司治理结构和内控制度是保障其正常运转的根本,

---

① 资料来源:银监会网站《中国银监会关于中国银行业实施新监管标准的指导意见》。

但商业银行特殊的弱债权人结构会严重弱化商业银行的公司治理,导致金融机构的治理结构残缺。这需要日益完善的专业性外部监管来行使相机治理机制,替代债权人自发的外部监管,以促进各方权力的均衡和商业银行公司治理结构、公司治理机制的完善。

(2) 银行业监管对银行公司治理的影响

银行业的监管可以通过道义规劝和强制命令来对商业银行建立良好的公司治理结构施加影响,监管的存在并施加影响成为银行公司治理不同于一般企业公司治理的关键所在,研究银行公司治理必然要求理解监管对银行公司治理的影响。

① 银行监管与市场

传统的公司治理认为外部治理机制是以竞争为主线的外在制度安排,其治理的载体是市场体系。银行监管的存在则意味着在市场之外,还有一种外在的附加力量影响所有者、经营者和债权人,这种外部监管力量的立足点主要是保护利益相关者特别是公众的利益,是通过政府对市场的管制而形成的一种外部治理力量。银行业和金融市场具有强烈的行政管理型市场的特征[189],银行监管者与委托人、代理人之间没有任何经济契约来维系,它们之间的关系是政治型关系模型,从属于典型的行政型治理模式。这种金融行业所特有的外部治理力量高于市场力量,对于公司治理起到了相当大的约束作用,它的存在意味着市场力量对银行所有者、经营者的约束方式和约束力量不同于那些不受管制的行业。

② 银行监管与股权结构

市场治理机制是公司治理机制发挥作用的重要表现,但是严格的管制常阻碍了银行业公司治理结构和治理机制作用的自然发挥,特别是对股权集中度的管理成为目前世界范围内降低市场治理机制发挥作用的主要因素。Barth、Caprio 和 Levine(2001)通过对107个国家的政府监管行为的分析来研究特殊的监管对银行部门发展和脆弱性的影响,进一步比较发现:大多数国家都倾向于限制银行股权的集中程度,其原因可能是为了防止金融和经济的控制权集中在少数人手里[190]。一般情况下,监管者对股权集中的限制主要针对两个方面:一是没有监管部门的批准,外部投资者不能购买超过一定比例的银行股份,防止社会金融经济的控制集中于少数人;二是对股东的资格设置条件,形成一种制度上的进入壁垒。在进一步的研究中,Barth、Caprio 和 Levine(2004)对107个国家有关银行监管的数据资料研究发现:在个人所有权方面,41个国家要求单个投资人持有银行资本的比例不超过50%,而38个国家要求单个投资人持有银行资本的比例不超过25%;并且,部分国家禁止非银行机构、证券公司和保险公司持有银行的股份[191]。这种对股权结构的控制在保障中小投资者利益的同时直接限制了市场治理机制作用的发挥。

银行业监管使国家对银行的所有权起了直接的控制作用,许多国家的政府虽然不是绝对地持有国有银行的全部资产但也持有相当高的比例[191],特别是处于证券市场不发达的国家更倾向于由国家集中银行的所有权[191]。尽管有学者认为国家的高度集权阻碍了经济的发展[192],但是国家持有银行所有权的支持者认为国家对银行所有权的控制有助于克服信息不对称问题,并引导稀缺资本投向高生产率的项目[193]。

我国的银行业和证券市场均不发达,特别是对国有银行的所有权方面实行了严格的限制,并且在相当长的时间内实行禁止非银行机构、证券公司和保险公司持有银行股份的分业经营模式,形成了高度集中的国家垄断型股权结构。在当前的监管政策下,股权高度集中有利于弥补分散的股东和债权人无法有效实施公司治理的不足,但是却由于监管者在对市场准入、接管和银行行为监管等方面的限制影响市场内在作用的发挥,银行监管者通常会把自身的利益取向强加到银行的目标中来,监管影响下的一股独大使得当前的市场均衡并不是一种竞争机制下自发的平衡,而是一种特定风险机制下相对治理结构的均衡。

③ 银行监管与存款人

同一般的公司治理一样,银行受到道德风险和逆向选择的制约,需要一种外部的机制来监督其经营管理。从规范的监管制度层面上来看,银行监管者是公众利益的代理人,它的存在可以保障银行的主要债权人——存款人的利益免受损失。监管制度中的最后贷款人制度和存款保障制度被普遍认为是能防止银行危机传染、银行挤兑以及其他威胁银行业系统稳定情况的最佳手段,各国也分别采用这些手段来防止金融系统风险。

德瓦垂鹏和泰劳尔(1993)将传统的银行监管理论与公司控制理论有机地结合起来,提出了银行公司控制模型[101],它的核心思想是一种对银行进行监管的代理人理论,认为银行存款人没有能力监测银行的经营。在我国,中央银行充当起最后贷款人的角色,这也意味着存在着一个绝对可靠的外部参与者分担银行的风险。事实上,我国政府向亏损的国有商业银行进行注资以补充其资本金,保证国有商业银行经营的存续性及改革发展。1998年国家向四大国有银行注资2 700亿元人民币,2004年向中国银行和中国建设银行注资450亿美元,2005年向中国工商银行注资150亿美元。通过政府的直接干预使银行的潜在问题得以掩盖,这些政策工具的存在极大地改变了公司外部治理机制的概念性框架。各种隐含的和明确的存款保险使众多的中小存款者这个理论上最主要的外部监督者失去了监督银行管理层的意愿,同时中央银行事实上充当最后贷款人也使国有商业银行无需依靠大债权人提供融资,导致了外部治理机制中重要的债权人监督作用的缺失。

④ 银行监管与经营者

银行股东的价值最大化偏好可能与政府监管者的目标不同,股东的价值最大化取向与银行监管行为共同作用影响经营者的行为选择。存款保险制度和最后贷款人的监管制度使银行的资产负债率较其他企业高得多,股东希望管理者更倾向于从事高风险高报酬的经营活动,而监管者则希望管理者更多关注金融系统的稳定性而从事低风险水平的经营活动,两者两个相反方向的作用力共同影响形成经营者的最终行动方向。外部监管对银行经营者的风险态度影响及经理报酬绩效的影响共同促进了国有商业银行人力资本产权化机制的出现。

银行管制对经营者的直接影响是其对经理报酬绩效的影响,特别是对银行经理报酬的绩效敏感度的影响。Hubbard和Palia(1995)系统研究了解除银行业市场监管对银行CEO薪酬的影响,通过使用1980年以来147家银行十多年的数据检验银行的监管与银行CEO薪酬的水平与结构之间的关系,得出如下结论:竞争性的控制权市场要求有才能的银行家,尽管这些银行家的薪酬水平更高一些;与处于严格监管市场的经营者相比,这些银行家的薪酬与绩效之间的关联度更强;银行解除管制后CEO的更换频率与薪酬—绩效的比率呈正相关[194]。这表明银行监管影响经理人薪酬,银行竞争性的市场环境与薪酬水平、结构相匹配,弱管制下银行经理报酬与银行绩效具有强相关性[195],特别是解除管制后,奖金、红利、期权和普通股的持有均增加了其对于绩效的敏感性,薪酬合约与监管之间存在一定的替代性,甚至银行高级管理层的薪酬合约应该能替代监管[196]。

5.2.2 引入银行监管思路的外部治理设计

外部监管力量的介入使银行中的委托—代理关系更具有独特性,银行的公司治理问题也更为复杂,因此国有商业银行公司治理必然与一般典型企业的公司治理不同。引入银行监管的国有商业银行公司治理的概念性框架中,银行业的监督和管制作为一种外部治理机制的制约力量,分别对市场力量、股权结构形成约束,对存款人(债权人)、经营者行为模式产生影响,作用于公司治理机制并促使其变化(见图5.1),并与之产生协同作用影响国有商业银行的公司治理。

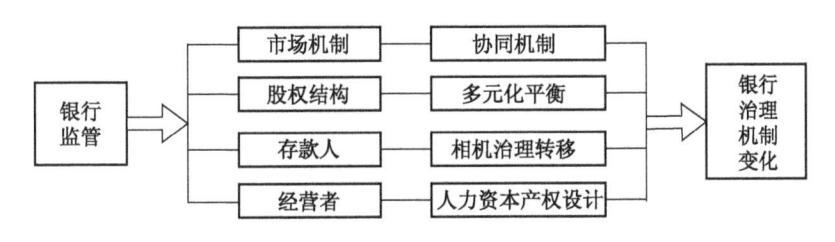

图 5.1 银行监管与银行治理机制

(1) 监管对于市场要求协同治理

由于监管对市场力量产生了约束,监管的存在改变了受监管银行之间的竞争,特别是我国银行业的严格监管更是促成了国有商业银行相对于其他银行的天然优势地位。从实际效果来看,监管保护了特定利益集团的利益,但却不能确保形成有利于市场竞争的市场结构,影响了银行治理机制之市场治理机制作用的发挥。因此,在设计银行治理机制时,要充分考虑到银行监管与市场之间的协同,促使其协同作用的发挥,形成监管与市场的协同治理。

商业银行本身是一个自组织的协同系统,竞争机制可以提高风险配置效率,约束金融家机会主义行为;监管机制又通过对市场竞争机制的约束来保护贷方利益,促进银行业安全运营。国有商业银行治理制度的形成及其效率改进,不仅是各个产权主体博弈的一种内生演绎的微观产物,也是银行与其所依存的监管制度及市场环境互动作用的一种系统推进的宏观结局。监管的变化和市场治理机制的优化均应向这种协同机制的方向发展。

(2) 监管对于股权结构要求多元化平衡

监管通过影响股权结构进而影响股权集中度,并且监管当局代表公众分担银行所有者风险的同时也对股权结构进行了严格的限制。严格监管下的国有商业银行形成了国有股一股独大的浓重的行政色彩,促成了特定监管下经营者特定的激励约束机制。过于严格监管下的激励约束机制效应的扭曲是对国有商业银行股权结构单一的一种否定,股权多元化及合理配置的股权结构成为一种必然的要求,这也对商业银行的监管提出了新的挑战。在对商业银行的合规性监管转向风险性监管的过程中,监管部门要依法对商业银行的法人治理结构进行监督,避免一股独大、大权独揽,以利于形成有效的权力制衡机制。

《巴塞尔新资本协议》也恰恰体现了这一要求,它的监管理念的精髓之一是确立激励相容的理念,即强调金融监管不能仅仅从监管的目标出发设置监管措施,而应当参照金融机构的经营目标,将金融机构的内部管理和市场约束纳入监管的范畴,引导这两种力量来支持监管目标的实现[197]。这样就要求国有商业银行能通过股权结构的内部调整来实现监管部门对银行业市场需求的变化做出及时有效的反应,实现金融机构乃至金融制度的创新。

总之,监管、产权与市场治理机制应该协同发挥作用来完善商业银行治理机制。相对于产权机制而言,监管能够加快产权改革、形成合理的产权结构、充分发挥物质资本产权主体和人力资本产权主体的外生性治理功能;相对于市场治理机制而言,监管是规范金融市场、维护银行安全运营、保障签约方利益的治理目标的一种内生性的需求。最终形成内生性需求与外在性安排相统一、公司治理结构和公司治理机制相统一的监管、产权、市场协同作用的公司治理模式。

(3) 监管对于存款人要求相机治理转移

银行监管对商业银行存款人(债权人)这一重要利益相关者的影响是双重的:一方面,银行监管的存在弱化了存款人这个重要群体监管机制作用的发挥;另一方面,银行监管是一种替代债权人行使相机控制权的一种有效方式。对银行业治理而言,监管是一种特殊的治理方式,它在影响银行治理结构的同时本身也进行状态相机的控制。一般企业公司治理中的债权人处于一种相机治理的状态,即当企业出现特定情况时企业的控制权转移到债权人手中,而银行监管弱化了债权人这种监督的动机,但与此同时又在事实上强化了存款人相机治理权的转移。具体而言,银行监管当局与产权主体不同,并不拥有金融企业的剩余索取权,但却拥有事实上相机控制权:如果商业银行经营得不错,经营行为符合各种安全规定,监管机构就不会也不必干预银行的合规性经营;一旦银行出现了各式各样的危机,那么监管当局就会对其活动进行限制甚至整顿或关闭,形成控制权事实上的转移。巴塞尔协议对资本金的各种规定都是为了提供一种相机状态的控制来解决激励约束问题,从而约束和规范银行家的行为。通过特殊的相机治理机制形式,银行监管最终完成对弱化的债权人控制权机制的替代过程。

(4) 监管对于经营者要求合理设计人力资本产权

银行监管通过影响经营者的风险态度、经营者报酬,最终与经营者的人力资本产权互动影响,并最终体现在国有商业银行人力资本产权化的机制中。银行监管应该具有一定程度的弹性,应根据银行公司治理结构状况和银行内部风险控制的不同情况设计各种监管措施[198]。当前改革的过程中,一部分人呼吁要放松监管,但这并不是解决问题的根本之所在。在拉美地区,金融自由化后,由于缺乏有力的监管造成各金融机构在一种"扭曲的激励"下运营[199]。应将金融转轨过程中出现的人力资本产权化的迫切要求体现在国有商业银行的监管中,而这种人力资本产权化的要求在现阶段主要应该以股权激励和经营者薪酬的形式体现出来。国有商业银行人力资本产权化的过程是一种重构委托—代理关系的过程,提出人力资本产权激励的同时必须要充分重视银行的所有权结构由股东控制型向经理部分持股型转变,风险与报酬的本位地位开始转换使得经营者的经营风险意识会随之发生变化,公司治理的主体、客体、边界及激励约束机制均发生了质的变化。银行高级管理人员利益与银行所有者利益部分一致,监管的重点和方向要根据银行公司治理结构状况、银行内部风险控制状况进行相应的调整,以确保约束机制与激励机制相配合,共同形成一种外部的公司治理场力来确保激励的正效应,有效防范和遏制银行风险的发生。

5.3 国有商业银行债权人相机治理机制

债权是资本流动的一个特殊形式,它的实质是一种控制能力,由债权的控制能力所决定的债权人相机治理是运用企业外部力量来解决委托—代理问题的一个重要机制。我国商业银行的债权人主要是由商业银行众多的中小存款者构成,次级债持有者也开始形成一种重要的债权人力量。中国银监会 2003 年发出了《关于将次级定期债务计入附属资本的通知》,意味着商业银行可通过发行次级债补充资本金,提高资本充足率。随着商业银行银行股改进程的加快,各大商业银行为弥补附属资本发放次级债,由此形成的次级债持有者对银行的债务形成一种硬约束力量,成为商业银行重要的债权人,行使债权治理的功能。在国有商业银行的市场结构与监管规则下,国有商业银行债权人相机治理机制与市场治理机制、监管机制一起构成国有商业银行的外部治理机制。

5.3.1 国有商业银行债权人相机治理

(1) 债权人的作用

信息的不对称及银行业务的高技术含量使债权人处于信息劣势,西方国家的存款保险制度及我国国有商业银行的隐形信用担保使储户监督控制的积极性不高,但是就公司的制衡机制来说,让商业银行的债权人参与到公司治理结构中来是制衡股东、董事和经理的有效方式,债权人对于公司治理起着重要的作用,特别是对企业管理者的经营行为和所有者的监督动机具有激励约束作用。

① 约束经营者行为

詹森(1986)研究了在公司具有自由现金流量的情况下,债权对公司经营者经营行为的控制作用[200]。债务可以通过还本付息的压力限制经营者所控制的资源,必要时甚至能够剥夺经营者的控制权。要促使经营者努力提高股东的利益,就必须使其控制权存在被剥夺的威胁[25]。债务的发行会带来公司破产的威胁,形成经营者的破产成本,最终促进经营者对合理股权与负债结构的选择,还会激励经营者致力于改善企业经营、减少在职消费,以降低企业破产的概率。控制权作为一种重要的激励因素,从物质激励(额外报酬)、精神激励(权力需要)和自我实现等方面对经营者行为模式产生影响。哈特(1982)等人则在委托—代理理论的框架下分析了"破产威胁"对提高经营者的经营质量起到的作用[201]。在经营者能够承受的代理成本范围内,经营者将有积极性通过发行债券的方式向股东保证资金不会被滥用,在一定程度上避免了道德风险的发生。债权人的外部监督及其相应的控制权转移机制可以制约经营者的冒险行为,债权的破产威胁可以协调股东与经营者的利益。债权人的存在作为一种重要的公司治理场力,从外部施加影响形成一种缓和股东与经营者冲突的激励约束机制,最终促成公司治理结构的权力均衡与公司治理机制的协调统一。

② 激励所有者监督

企业资本结构中债权的存在,除了对经营者行为具有约束作用之外,还会激励所有者行使监督职能。破产机制的存在使企业所有者承担部分企业的经营风险(如果企业因经营效益差而进入破产程序则意味着所有者权益的丧失),因此债权人的存在会使企业的所有者更加关注企业的经济效益,更有动力监督企业的经营。这种监督方式可以在某种程度上控制行政型治理的多元化目标的价值取向,否则就面临丧失所有权的威胁[202]。

(2) 债权人的相机治理机制

① 债权人相机治理

相机治理模式是充分考虑制度环境约束及路径依赖前提的现实选择,它按照利益相关者合作逻辑来设计企业治理结构,通过恰当的制度安排来确保每个权力主体具有平等参与企业所有权分配的机会,同时又依靠相互监督的机制来制衡各权力主体的行为。债权人治理是一种典型的相机治理机制,它的基本特征是控制权的转移,即如果债务人违反契约或不能按期支付,企业资产的部分控制权将由债务人转向债权人。

在债权人相机治理机制中,债权人是一个独立的外部监督主体,通过相应的信号显示机制可以有效地监督和惩罚经营者的道德风险行为及机会主义行为。具体来说,在相机治理模型中,当企业业绩好时,企业成为剩余索取者,拥有剩余索取权;当业绩差而面临破产的威胁时,控制权转移到监督者债权人手中或者由监督者债权人解散企业。这与债权人相机治理与状态依存理论的特征是一致的,股东治理和债权人治理是在两种不同状态下的权力安排,这种安排方式可以使企业各成员行为的外部性最小化,从而达到企业资源配置效率最大化,最终实现对各利益相关方的制衡与激励。

② 债权人相机治理的实现

债权人相机治理主要是通过控制权的争夺来改变既定利益格局,借助于一定的制度安排实现控制权的转移以保护债权人等企业外部利益相关者的权益。现代企业理论认为:企业是一张"契约网",是各利益相关者相互之间缔结的"契约网",各利益相关者在公司中或投入物质资本或投入人力资本,目的是获取单位个人生产无法获得的合作收益。债权契约是企业契约的一个有机组成部分,是债权人相机治理实现的制度保障。债权契约要求企业管理者必须按时向债权人偿还债务的本金和利息,否则将受到惩罚(如丧失控制权收益),形成对企业经营者的"硬约束"。从硬约束的角度看,破产是一种对原有经营者渎职的惩罚和对债权人的补偿措施,即使破产机制不具有保证企业经营者最大努力的效果,也足以促进经营者有动力保证企业的正常运营。合理的债权契约与《破产法》相配合使用体现了对债权人的权益保护,是债权人相机治理的执行基础。

控制权的分配是公司治理的最终任务,在相机治理情况下,债权人不仅能够监督公司经营,而且有可能直接获得公司控制权,其具体途径是通过企业监事会,监事会主体多元化是企业相机治理的客观基础。监事会中的多元利益主体应来自政府或股东、债权人和职工,由这些利益相关者参与监督以保障这些利益相关者有机会保全自己的物质资本权益或人力资本权益。债权人通过监事会这一途径可以行使监督权,一旦发现企业出现严重的经营问题,便启动债权人相机治理程序,重组企业领导班子来保障相关权益。通过外部利益相关者进入监事会来保障债权人的外部利益均衡,实际上是企业各利益相关方通过不断的协商和博弈而形成的保证债权人利益均衡的一种制度安排,是债权人相机治理实现的特殊安排。

(3) 商业银行债权人相机治理实施的困难

国有商业银行的债权人相机治理机制要求债权人在商业银行公司治理中发挥重要的监督作用,以平衡银行各公司主体的利益,但国有商业银行的特殊性使得国有商业银行相机治理的实施不同于一般企业的债权人相机治理模式。商业银行特殊的资本结构、存款保险制度或政府隐性信用担保制度的存在以及控制权的行政配置均导致了债权人缺乏一般企业债权人的监管动力,要有效发挥国有商业银行债权人的作用、行使国有商业银行债权人相机治理困难重重。

① 银行特殊的资本结构

作为一种经营货币的特殊企业,银行的自有资本只占很小一部分,属于高负债运营的企业。即使是我国商业银行达到巴塞尔资本协议所规定的 8% 的资本充足率的要求,也还远远低于一般企业的资产负债比。但由于其经营的产品是货币,所以商业银行往往运用很少的自有资本吸收大量的存款,这在很大程度上可以掩盖商业银行的资金流动性不足的问题。一般企业中因资金流动性不足而产生的破产问题对商业银行的威胁极小,这对市场治理机制下的控制权的转移形成了一道天然的保护屏障。

中小存款者由于受到信息披露不完全和专业知识不熟悉等方面的限制,客观上的监督能力受到了极大的影响。此外,存款保险或政府隐性信用担保的存在使众多的中小存款者有了风险保障措施可依,因此主观上没有积极性监督银行。客观能力的限制和主观上的不积极都阻碍了银行债权人相机治理机制的行使。

② 控制权行政配置

我国国有商业银行治理结构的一个重要特点是控制权的行政配置,它的显著标志是很难利用市场化手段转移管理者的控制权。我国国有商业银行的行长是行政任命而非市场化机制选拔而来的,因此控制权的转移也是通过行政任命而非通过经理人市场可控制权市场来实现的。在这种状况下,国有商业银行行长控制权既不是通过内部的法人治理结构安排来实现的,又不是基于市场竞争的优胜劣汰的游戏规则来进行的,自然也就不存在来自控制权市场的竞争威胁。这种任免权体现为一种行政权力而非资本逻辑或利益相关者的权力,这在事实上剥夺了债权人行使监督的权力。

总之,国有商业银行特殊的资本结构、存款保险制度或政府隐性信用担保制度的存在使债权人主观上放弃了监督的意愿,信息不对称及控制权的行政配置使债权人客观上缺少了行使监督的能力。主观上监督意愿的减弱及客观上监督能力的缺失使得国有商业银行公司治理在实际实施中表现为债权人相机治理的弱化,从而引发外部债权人相机治理机制的缺失。因此,国有商业银行债权人相机治理的构建与实施要寻求一条与一般企业债权人治理所不同的路径和方式。

(4) 国有商业银行引入相机治理的选择

与一般企业不同,银行债权人相机治理机制主要是从存款人和次级债持有者来分析的。尽管商业银行其债务的主要形式是存款,但众多的中小存款者由于监督能力及监督积极性的问题限制了债权人监督权的行使,弱化了国有商业银行债权人相机治理功能的发挥。就债权人作用的行使而言,次级债持有者中的机构投资者,在监督银行方面往往具有一定的专业知识和较强的积极性,他们更有能力行使债权人的监督职能。因此,国有商业银行在引入债权人相机治理的过程中,要积极引进机构投资者,注重次级债的发行与设计。

① 次级债的发行

次级债是指偿还次序优于公司股本权益但低于公司一般债务(包括高级债务和担保债务)的一种特殊债务形式。2003年底银监会发出《关于将次级定期债务计入附属资本的通知》出台之后,次级债受到了各大银行的关注,特别是2004年6月人民银行和银监会发布《商业银行次级债券发行管理办法》的实施更是标志着商业银行次级债发行进入了政策法律的轨道。商业银行公开发行次级债券应具备以下条件[203]:实行贷款五级分类,贷款五级分类偏差小;核心资本充足率不低于5%;贷款损失准备计提充足;具有良好的公司治理结构与机制;最近三年没有重大违法、违规行为。(私募方式发行次级债券或募集次级定期债务要求核心资本充足率不低于4%,其他要求与公开发行相同。)符合上述条件的银行可在发行市场上发行次级债,在交易市场上交易来传递市场信号并发挥引导功能。从动力源来看,满足上述条件的商业银行在次级债的发行中解决的是银行本身的资本充足率问题。但从国有商业银行公司治理的角度来看,应充分利用次级债的发行来强化债权人的监督机制,因此,国有商业银行次级债的发行应该面向大的机构投资者,而不是普通的中小投资者,这样次级债就可以避免重复出现中小投资者无力监督的局面,促使原本弱化的债权人充分发挥相机治理的职能。

② 次级债的功能设计

与商业银行中小股东相比,债权人处于信息劣势,缺少成熟的机制安排来参与公司决策。对于次级债发行银行来说,在次级债的制度设计时,更要切实考虑债权人的权益。次级债的存在从理论上为银行提供了一批未受公共安全网保护的债权人。次级债持有人的监管激励与政府监管部门、存款保险机构的激励是相容的,也与存款人利益具有一致性,从而成为银行监控的重要力量[204]。从国有商业银行治理的角度来看,次级债的功能设计应该能够促进债权人相机治理功能的实现,充分体现债权人利益保护机制。我国国有商业银行发行次级债时可借鉴国外商业银行中普遍采用的债券持有人会议制度、债务和解制度、公司重组制度等成熟的保护债权人的制度,以完善公司治理结构中保护债权人利益机制。

次级债的功能定位是提供通过市场信号和市场行为实现的市场约束功能。在市场价格传导机制中形成客观的、可观察的信息,进行市场监管以节约政府监管资源。在我国政府监管资源不足、监管机制不力的新兴市场中,充分发挥次级债的市场约束作用尤为重要。现行市场约束条件下,银行管理者要向市场证明银行没有过度涉险,这是一种内在的制约力量,而非完全外部监管力量的监控,是一种市场监控和市场影响的统一。通过两者的统一实现次级债持有人、一般存款人、政府监管部门及存款保险机构组成的利益兼容体,共同监督国有商业银行的经营运作及促使国有商业银行债权人相机治理机制作用的发挥与实现。

总之,国有商业银行引入相机治理路径选择的重点应该放在次级债的发行与功能设计上,鼓励国有商业银行发行次级债券以改善资本金不足状况和融资渠道狭窄问题,通过加强对银行次级债务政策运作的市场基础建设来改善激励约束环境,逐步培育次级债券市场,充分发挥次级债应有的市场约束作用。

5.3.2 债权人相机治理与人力资本参与治理相结合

债权人相机治理与人力资本参与治理相结合是一种利益相关者合作逻辑下的公司治理机制的创新,债权人的相机控制与经营者人力资本所有者的反应统一在一个有效的框架之内。当前的国有商业银行公司治理中,内部人控制是一个重要的影响因素,债权人相机治理是有效缓解内部人控制现象的一个方式。针对国有商业银行信息严重不对称的情况,人力资本参与治理是对债权人相机治理机制的一个有益补充。

(1) 利益相关者的合作逻辑

相机治理体现的是利益相关者的合作逻辑,其核心思想是按照相关利益者的合作互补来设计治理结构,这种思想恰恰是债权人相机治理与人力资本参与治理相结合的出发点。每个利益相关者都是独立的监督主体,通过适当的投票机制和利益约束机制进行合作、监督和惩罚经营者的机会主义行为。国有商业银行在特殊的外部监管环境和独特的内在组织特征下,制度安排应致力于达到产权主体行为统一于银行适应能力提高这一目标之上。人力资本所有者与债权持有人也应该在治理结构统一的框架下达成一致。特别是以次级债为核心的债权人相机治理的合作逻辑中,一方面反映的是投资者(次级债的持有人)对银行风险特征的评价,另一方面反映的是银行管理层对市场信号的反应(市场影响)。这也要求投资者在做判断时,经营者能对市场的价格信号做出积极反应,以促进直接市场约束目标的实现。

(2) 人力资本参与治理与债权人相机治理相结合

利益相关者合作逻辑的一个体现是债权人与经营者相结合并引致债权人相机治理的市场约束。债权人治理可以缓解我国国有商业银行转轨过程中出现的"内部人控制"问题,这是人力资本参与治理与债权人相机治理相结合的前提条件。特别是在当前我国国有商业银行股权虚置、国有资产管理功能缺位的情况下,国有商业银行代理人与公司"内部人"串谋,共同危害"终极所有者"、中小股东及中小存款人的利益。通过债权治理利益的合作机制,给予经营者施加一定的压力,对国有商业银行"内部人"的控制权予以监督,促使经理本分工作,缓解银行的"内部人控制"。人力资本反过来引导债权人的相机治理。由于国有商业银行的信息不完全和信息不对称,内部信息显示尤显重要,人力资本的地位突显,特别是不同的监管者(政府监管部门、股东、债权人等)有不同的关注点和不同的信息来源:政府监管部门拥有在一定时期内不为市场所知的内部信息,股东、债权人判断的依据是市场信息和市场行为实现的结果,经营者则是准确把握信息并充分利用这些信息的决策者,银行内部的员工则是这些信息的知情者和切实的执行者。因此,人力资本参与治理与债权人相机治理相结合的治理模式可以充分发挥人力资本的能动作用和信息的互动作用,监管部门可以利用市场信息补充监管信息,市场约束影响监管并反过来指导市场,形成监管与市场的连动来达到信息共享、共同治理的最终目的。

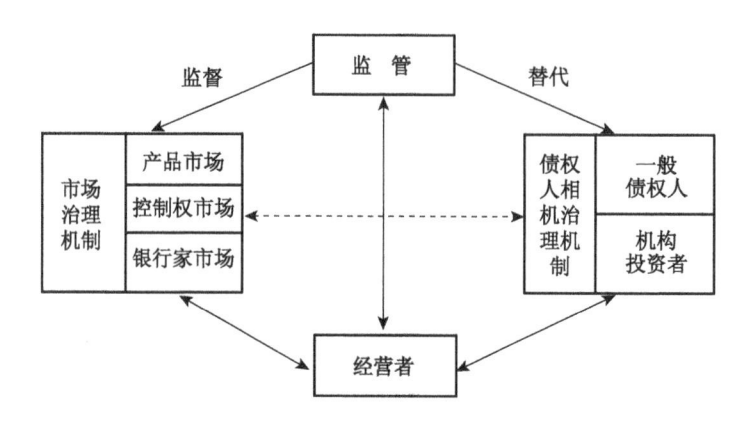

5.4 人力资本产权与国有商业银行外部治理机制整合

人力资本产权制度在国有商业银行中作用的发挥取决于两个方面:一是建立合理的人力资本产权机制;二是完善人力资本机制,在实施的过程中要防止人力资本所有者侵害非人力资本所有者的利益。人力资本产权机制通过对国有商业银行的外部治理机制形成治理的系统效应,并反过来推动人力资本产权制度自身的完善,形成二者的互动促进与治理效率的提高。

5.4.1 人力资本产权下国有商业银行外部治理机制的整合

从人力资本产权的视角出发,市场治理机制、监管机制与债权人相机治理机制共同构成国有商业银行的外部治理机制,外部治理机制之间以及与国有商业银行经营者人力资本产权之间相互影响、相互制约,在人力资本产权维度下最终形成的市场治理机制、监管机制、债权人相机治理机制等外部治理机制的整合,见图5.2。

图 5.2 国有商业银行外部治理机制整合

人力资本产权是这三者结合的纽带。市场治理机制是国有商业银行外部治理机制的核心机制,监管机制是国有商业银行外部治理机制的特殊机制,债权人相机治理机制是国有商业银行外部治理机制的相机机制,人力资本产权化则是寻求外部治理机制有效结合的纽带和联结点。市场竞争以相应的信誉机制作为公司外部的机制,同激励约束机制一起使经营者行为、股东利益和银行的价值三者尽量保持一致。市场治理机制具有重要的信号显示及传递功能,人力资本产权是其相应的信号反应及实现,商业银行的高技术性使得这种反应及实现变得尤为重要。市场经济下的监管机制及债权人相机治理机制应按照经营者人力资本产权信号的传递及反应来进行相应的功能安排。

外部机制的有序运行特别是市场治理机制的高效运作必须以独立的产权主体(包括独立的人力资本产权)的存在和自由流动为前提条件,界定清晰的产权及其可交易性对市场治理机制起决定性作用[205],但只有当产权能够有效流动时,有限的经济资源才能流向对其评价最高的地方,实现资源配置的优化。而国有商业银行产权主体的缺位恰恰引致经营者的行政型人力资本的代理成本过高,资源的组合及治理机制的组合中均出现大量的交易成本,为经营者的内部人控制提供了更大的空间。在这种制约因素的影响下,经营者人力资本产权的明晰与作用的发挥更为重要。此外,与一般企业的公司治理机制相比,商业银行的市场治理机制与债权人相机治理机制均明显弱化。在经济体制转轨的过程中要特别强化经营者人力资本产权,将"内部人控制"转变为"内部人所有",强化原本弱化的市场治理机制和债权人相机治理机制并使其发挥重要作用。

人力资本产权的交易与流动促进了市场治理机制功能的增强,产品市场、控制权市场与经理人市场作用的功能随之增强。市场治理机制的发展和完善为债权人相机治理机制提供了发展的空间和可能,特别是资本市场的完善为机构投资者的退出提供了相机选择。市场治理机制和债权人相机治理机制推动监管机制的多元制衡目标,通过人力资本产权主体地位的确立和权力的行使平衡多元目标,在人力资本产权的作用下最终形成市场治理机制、监管机制与债权人相机治理机制协同一致的外部治理场。

5.4.2 外部治理机制下的经营者人力资本产权完善

经营者人力资本产权是对国有商业银行传统产权制度的挑战,从根本上改变了原有产权基础上的剩余索取权与控制权的配置状况,影响了银行治理机制的优劣。与此同时,人力资本产权的完善又有赖于银行外部治理机制作用的发挥。国有商业银行公司经营者人力资本产权制度的完善要以内部产权制度为依托,借助于各种可供利用的制度安排和组织形态,充分利用外部治理机制来最大限度地减少信息不对称,完善经营者人力资本产权,进而提高银行绩效,见图5.3。

(1) 经营者人力资本产权的建立要以竞争为前提

产权问题是国有商业银行公司治理的关键,经营者人力资本产权的建立与完善则是产权制度完善的根本。经营者人力资本产权的建立是以竞争为前提的,没有产品市场、控制权市场及经理人市场的竞争就谈不上经营者人力资本产权的流动,就失去了经营者人力资本产权制度建立的意义。经营者人力资本的完善有赖于外部机制作用的发挥,超产

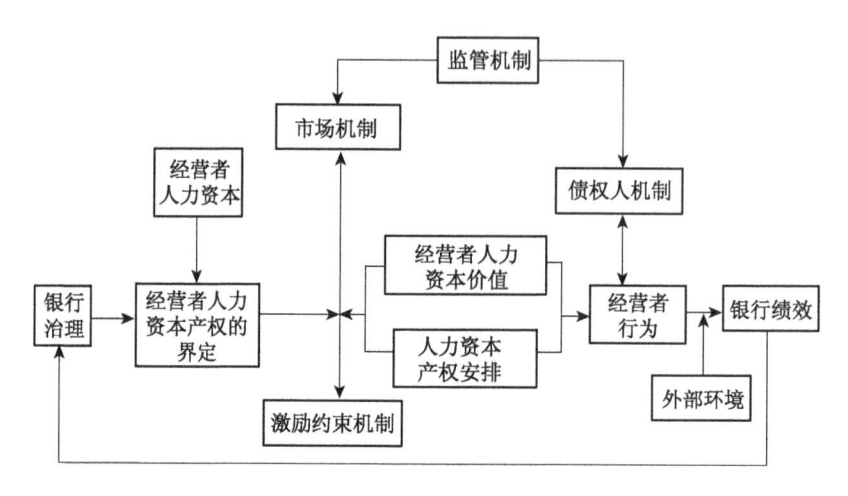

图 5.3 外部治理机制下人力资本产权的完善

权论甚至认为企业改善自身治理机制的基本动力是引入竞争,而变动产权只是改变机制的一种手段,这表明竞争在公司治理及经营者人力资本产权配置中发挥了重要的作用。市场经济内在要求经济资源在市场中能够自由流动,资源配置才能够实现帕累托效率的优化。企业家人力资本的产权特性也内在要求其体现经济资源的特征,要求其能够在市场中自由流动、自由配置,在动态中实现与其他资源的结合以促进整个社会资源配置效率的提高。

(2) 经营者人力资本产权的完善要靠外部机制约束

国有商业银行经营者人力资本产权完善的一个关键问题是目前人力资本产权制度尚未完全建立,另一个关键问题就是如何避免经营者人力资本产权侵害非人力资本产权的利益。内部治理结构从激励约束机制方面进行研究,通过建立人力资本产权来规范经营者行为,实现经营者人力资本产权权利束的各项权责利的对应;而外部机制从间接的约束来影响经营者人力资本产权权能的行使。经营者人力资本产权的完善要求外部机制提高经营者人力资本的配置效率。现有制度下国有商业银行经营者配置效率损失的根本原因是由人力资本的制度障碍引起的,因此,外部治理机制应通过监管机制的管制放松,允许赋予微观经济主体——企业家人力资本以完整的人力资本产权,通过市场治理机制实现全国统一的企业家人力资本产权交易市场来进行银行家人力资本的市场化配置。债权人相机治理机制应该注重机构投资者的相机治理功能,约束经营者人力资本产权,在经营者人力资本产权的合理绩效评价机制基础上使企业家人力资本产权这一重要经济要素能够根据市场供求价格信息自由流动,提高配置效率,使其成为国有商业银行公司治理的重要要素。

经营者人力资本产权制度的完善还要避免经营者人力资本侵害其他非人力资本的利益,而这取决于外部治理机制的制衡与约束。在经营者人力资本产权机制完善过程中,内部治理机制从根本上变他励机制为自励机制的同时,外部治理机制也要变他约束机制为自约束机制,特别是企业所有者(包括人力资本所有者)通过来自经理市场、资本市场、产品市场的竞争以及来自企业内治理结构的制约等约束条件来约束经营者人力资本所有者的行为。监管机制通过市场治理机制及债权人相机治理机制约束并影响经营者人力资本产权实现过程及经营者人力资本的主体行为,最终与外部环境的作用共同决定国有商业银行的绩效。

5.4.3 人力资本产权治理的外部化与外部治理机制的内生化

人力资本产权机制作为产权机制的组成部分,本质上是一种内生的机制。人力资本产权化的过程通过可以交易的产权形式形成一种特殊的外部机制,并通过外部机制内在化的形式体现出来。同时,外部机制作用发挥的关键是制度化,终将演化为内生性的外部治理手段。人力资本产权治理的内生机制与外部治理机制的外在表现在与制度环境的互生互动中形成系统推进的内外互动的治理模式。

(1) 人力资本产权的外部化

从获得的资源及资源主体对企业的要求权来看,资源可以分为自有资源和借入资源两种。自有资源要求企业向其提供者给予剩余索取权的激励,借入资源则要求企业向其提供者给予固定索取权激励。从传统所有权的角度说,人力资源只能属于借入资源。人力资本产权化的过程是从借入资源向自有资源转变的过程,而这种转变的过程需要外部机制特别是市场治理机制的参与和调节,这种市场化的过程实现了内部产权机制的外部化。经营者人力资本不仅受企业家能力水平、企业家工作努力程度等内生变量的影响,还受资源数量和质量、环境的随机因素等外生变量的约束,在企业家行为空间[206]的范围内行使产权权能。在这种行为空间的界定下,经营者人力资本促发组织资本并影响企业文化,形成一种银行的企业文化空间;人力资本产生一种竞争效率,人力资本产权的进入和退出通道形成一种竞争空间;经营者人力资本评价的准确程度及公司治理评价本身形成一种效率空间。多维空间相互影响促成人力资本产权与治理系统及环境的输入输出关系,实现人力资本产权的外部化。

(2) 外部治理机制的内生化

人力资本产权与外部治理机制的相容要求经营者人力资本产权外部化的同时要实现国有商业银行外部治理机制的制度化,最终形成制度的内生化。应重点进行以下几个方面的制度建设:建设运行良好的信用体系,为商业银行改革的制度变迁提供人力资本产权机制发展的依托;逐步建立和完善竞争性的银行家市场,建设有效开发、合理利用企业家人力资本的市场治理机制;建设一套完整的银行经营者业绩指标体系,实现企业经营者选拔市场化、流动市场化、评价市场化、收入市场化的制度;建设完善的资本市场,促进证券市场的完善,为债权人相机治理机制提供控制权转移的平台;加强制度和法律法规建设,建立一套完整的制度约束,为银行监管提供相应的法律和制度保障。最终,通过人力资本所形成的结构合力,促使内部的治理结构充分利用外部机制的功能,进而通过内部结构与外部机制的协作加强内能,促使银行治理的整体优化。

5.5 本章小结

突破单纯从内部结构研究国有商业银行公司治理的局限,引入外部治理机制对国有商业银行公司治理的影响,把人力资本产权作为外部治理机制与内部治理相结合的纽带。基于人力资本产权的视角,市场治理机制、监管机制和债权人相机治理机制是国有商业银行外部治理机制的主要体现,本章分别从市场治理机制的弱化、监管机制的替代效应、债权人相机治理机制的缺失等现状出发,研究如何增强相应的机制作用。最后,对市场治理机制、监管机制和债权人相机治理机制进行综合研究,并力求实现人力资本产权影响下市场治理机制、监管机制与债权人相机治理机制的外部机制的有机统一,这既是一种系统思维的体现,也是对传统理念的扩展与突破。

第六章
基于人力资本产权的
国有商业银行公司治理及评价的整合

6.1 人力资本产权对国有商业银行公司治理及评价的整合

商业银行公司治理评价是对内部公司治理和外部公司治理整合的设计,经营者人力资本产权通过对内部公司治理与外部公司治理各因素的作用影响到整个评价体系。当前实施国有商业银行公司治理评价还存在一定的困难,最主要的障碍是信息数据的获取困难,但是国有商业银行公司治理评价体系的研究对国有商业银行公司治理的改革具有一定的借鉴意义。

6.1.1 经营者人力资本产权对国有商业银行公司治理评价的影响

在一般商业银行公司治理评价的基础上,完善信息披露,本书结合经营者人力资本产权对国有商业银行公司治理变革对公司治理的影响,进行国有商业银行公司治理评价。从经营者人力资本产权对国有商业银行公司治理评价的影响入手,通过对国有商业银行公司治理评价的整合实现对国有商业银行公司治理研究的整合与创新。根据本书设计的商业银行公司治理评价体系,经营者人力资本产权在如下方面影响国有商业银行的评价体系:

(1) 内部治理结构与机制

以产权制度改革为核心的金融体制改革推动了激励机制与监督机制的合理耦合与平衡。国有商业银行由于历史原因形成的"一股独大"的独特的股权结构,市场化进程中产权主体的变化及经营者人力资本产权进程中产权地位的实质变化对内部治理结构与机制产生了巨大的影响。

由于肩负双重的责任与历史使命,国有商业银行的股份制改造,应该允许金融产权交易,在国有控股的股权结构之下,通过资本市场的产权交易来实现国有商业银行的效率是最终的解决之道[96]。现有的制度改革要求国有商业银行实行国有控股的多元产权化模式,但经营者持股将使国有控股下"一股独大"的股权结构更加复杂。对股权结构的指标标准及优化状态也应该区别于一般商业银行公司治理的标准值而进行相应调整。

股权结构变化影响到"三会一管"的内部治理结构设置,独立董事及外部监事的相应指标设计应在商业银行公司治理评价指标体系的基础上予以指标的细化及功能的强化,经营者的激励约束指标中应将指标的设计由他激励的功能转变为自激励与他激励并重的功能。由于制度上"内部人控制"的因素存在,利益相关者和信息披露方面也要求进行相应的规范化及透明化调整。

(2) 外部市场治理机制

我国银行业目前已逐步形成自己的市场竞争机制,但是四大国有银行仍然占据了相当大的市场份额,成为制约商业银行公司治理评价的重要因素。经营者人力资本产权使得"内部人控制"现象有更严重的趋向,因此外部机制的控制与约束成为有效制衡的重要力量,对市场治理提出更高的要求。

在一般商业银行公司治理评价的基础上,国有商业银行外部市场治理机制应该强化监管机制的真实作用。现有的监管对国有商业银行给予的是更多的保护而非来自外部的约束,金融体系的全面开放将使得这种保护弱化。因此,国有商业银行公司治理的评价体系应该关注这方面的变化,使得监管指标的约束作用动态地反映出来,成为市场治理机制充分发挥作用的有力保障。此外,由于国有商业银行国有控股的基本股权模式的改革基调的存在,机构投资者也应该作为市场治理机制的重要指标纳入到国有商业银行公司治理评价体系中来。债权人相机治理指标有了评价的依据,但要特别关注国有持股的机构投资者区别于中小储户对债权人市场的作用及相应的评价指标的增加。

(3) 评价指标权重及关联度影响

评价指标权重随着指标设计及指标标准的变化而发生相应的变化。随着经营者持股,内部的权力制衡机制发生了明显的变化,原来的纯粹意义上的物质资本所有者(股东)对经营者的控制转变为物质资本所有者(股东)与人力资本所有者(经营者股东)共同对经营者进行控制,这使得股东及股东大会及其相应的董事会、监事会的权力制衡结构设置中也有了经营者的成分。他激励与自激励、他约束与自约束同时存在的状态使激励约束机制更加复杂化,公司治理评价体系中指标的关联性增强。例如:对于经营者激励机制的评价,除了考虑评价指标体系中高管人员这一治理层面外,还应该结合其在股东及股东大会治理层面下的相应权益进行综合评价。此外,名誉剩余及实际剩余之间的关系、效用与绩效的关联、内部治理与外部治理结构之间的耦合都使得原本错综复杂的治理更加复杂,这必然要求研究国有商业银行公司治理的复杂性以提供相应的支撑来进行评价。

总之,国有商业银行公司治理中激励机制、市场治理机制与公司治理评价紧密联系。在不同的公司治理因素影响下,三者之间互动影响,表现出不同的特点。在经营者人力资本产权的影响下,公司治理模式的演变主要体现在治理主体的演变上[207],其产权形式及其内涵变化也决定了激励机制主体与市场治理机制的变化,这两者的变化又促进了国有商业银行公司治理评价主体的变动及其实质的变革。

6.1.2 国有商业银行公司治理评价体系的整合与提升

由于国有商业银行数据信息很难获得,使得国有商业银行公司治理评价一直处于一个较低的理论水平和现实操作层面,但国有商业银行公司治理评价体系作为国有商业银行公司治理改革的指导层面,迫切需要建立和完善一个具有指导意义的、可操作的评价体系。当前的公司治理结构与公司治理机制的发展进程对国有商业银行公司治理评价体系的整合与提升提出了现实要求。

(1) 市场化改革与政治体制改革相配套

我国公司治理模式的改进必须结合我国的市场化进程与政治体制改革进程,这是我国政治体制改革和经济体制改革的重要内容[208]。国有商业银行公司治理评价的整合与提升是基于环境基础与制度变迁之上的一种改进,这必然要求市场化改革与政治体制改革相配套。

制度变迁是一个渐进的过程,是一个在各种制度因素相互作用推动下的演进过程。国有商业银行的国有产权性质决定了其目标是追求社会收益最大化,为经济增长提供足够的信用支持。商业银行的市场化进程则要求商业银行在竞争中提高自身效率。以市场主体塑造及市场治理机制形成的市场化改革与以股权改制为核心的产权制度改革的政治体制改革相配套,进行以制度变迁及路径依赖为基础的改革是国有商业银行公司治理评价体系提升的前提条件。

国有商业银行公司治理评价体系的提升是对公司治理结构优化与公司治理机制优化的综合评价,产权机制是制衡结构的基础,市场机制是外部机制的根本。市场机制的评价对内部治理产生一定的影响,市场化改革的成效——市场主体塑造、市场治理机制形成、市场完善等市场化的制度环境因素也将最终影响到国有商业银行产权制度改革的进程。市场化改革和以产权制度改革为核心的政治体制改革的配套改革是国有商业银行公司治理评价体系提升的现实要求。

(2) 公司治理结构重构与公司治理机制重建相结合

公司治理的评价是针对公司治理的各集团利益制度安排的反映,其评价的目的是引导各利益集团的均衡利益达到最优。国有商业银行公司治理评价的整合与提升要求内部治理结构的利益均衡和外部治理机制的利益协调,它对公司治理的现实要求是公司治理结构重构与公司治理机制重建相结合。

公司治理结构方面,产权是公司治理结构的关键。国有商业银行产权制度改革的方向是国有控股的股权结构。国有股权为商业银行体系提供的信用担保是整个银行体系稳定的关键,国有控股的股权结构是我国国有商业银行公司治理的产权基础[96]。国有商业银行由国有股的"一股独大"的股权结构转变为国有控股的股权结构是一种制度性变革,人力资本产权则打破了现有的均衡结构,其内部制衡结构中利益均衡的评价机制必须以公司治理结构的重构为前提。

外部治理机制方面,市场治理机制、监管机制及债权人相机治理机制是以产权结构的变化来进行调整的。国有控股的股权结构的效率实现需要通过资本市场的产权交易来实现,经营者人力资本产权机制的实现要以完善的经理人市场为依托。在许多发展中国家,银行治理问题因为政府对银行体系运转的广泛干预而变得更加复杂[88]。公司治理结构中的部分评价指标也应协调至外部机制中进行外部评价,随着外部治理机制的评价及公司治理机制重建的变化而变化。公司治理结构重构与公司治理机制重建相结合无疑为国有商业银行公司治理评价提供了一个可操作的空间与平台。

(3) 复杂性研究

随着改革进程的加快,制度环境的变化和个人行为不确定性的增大,国有商业银行公司治理评价系统的整合与提升面临的是一个更加复杂的过程。在国有商业银行市场化改革与政治体制改革的过程中,由于法律体系的缺乏和监管力度的薄弱,经理层利用过渡经济的真空对银行实行控制,出现内部人控制现象。经营者人力资本产权是国有商业银行产权制度安排的一种创新机制,它的建立与完善使得治理评价变得愈加复杂。

现代公司是一个开放的复杂系统,具有复杂的多层性和多样性等众多特征[209]。公司内部治理结构的复杂化要求外部机制的控制与制约来进行平衡,公司治理系统成为一个与环境相互适应的自组织[210]。复杂性系统是公司治理结构与公司治理机制综合评价的系统,系统的评价是以整体的最优为依据的,而这种最优面临的不再是股东权益最大化的单一评价,而是利益相关者制衡的最优选择,是一种关于公司治理的新原则。银行公司治理评价指标权重及关联度影响因素都受到复杂性的影响。因此,国有商业银行公司治理的复杂性研究是国有商业银行公司治理评价体系整合与提升的技术支撑。

总之,激励机制是商业银行公司治理的核心内容,人力资本产权制度是激励机制在现代银行治理中的一种观念突破,治理评价则是激励机制及其突破的前提与基础。从商业银行的改革现状出发,充分考虑经营者人力资本产权对国有商业银行公司治理及其评价的影响,在复杂性研究的框架下针对国有商业银行公司治理评价的现实要求进行公司治理的改革与建设,最终实现商业银行的公司治理在有效的激励机制和恰当的治理评价的具体操作下形成真正富有效率的利益均衡机制。

6.2 商业银行公司治理评价指标体系

6.2.1 商业银行治理路径选择

对国有商业银行公司治理结构、公司治理机制及两者对国有商业银行公司治理评价体系的整合与提升的研究表明,引入人力资本产权是对国有商业银行公司治理现有框架体系的修正,国有商业银行改革必将是在现有制度基础上进行渐进式的改革,国有商业银行公司治理将最终实现综合治理、相机治理、动态治理的演进与统一。

(1) 单独治理→共同治理→综合治理

产权改革是国有商业银行公司治理改革的根本,人力资本产权的权力主张为公司治理改革的权力制衡提供了方向和指引。"股东至上"的单独治理模式已经不适应当前公司治理发展的潮流,"利益相关者"共同治理模式成为当前国有商业银行公司治理改革的重点。渐进式的改革过程打破了单独治理的权力制衡模式向人力资本与物质资本共同治理的过渡,最终实现利益相关者共同治理模式。但是,从长远发展的角度来看,单独治理、共同治理主要是针对产权配置及内部治理结构问题,而公司治理不仅涉及产权的配置问题、人力资本产权激励及相应的公司治理结构,还涉及到机构投资者的参与、资本市场等公司治理机制问题。因此,国有商业银行公司治理的发展不仅要建立规范有效的内部治理结构,还要形成有利于内部结构均衡发展的外部化机制,最终建立一套内外协同配套的综合治理制度。

(2) 普通治理→债权人参与治理→相机治理

公司治理的主体是公司治理的重要因素之一,控制权的分配情况是公司治理中利益分配的根本。在正常的经营状态下,利益相关者的权益不受侵害,银行的控制权保持在董事会和经营人员的手中,体现的主要是物质资本所有者的利益;当银行经营陷入一定程度的危机时,债权人必然要求进行银行所有权的再分配,以控制控制权来保证自己的预期收益不受损害。随着公司治理模式的渐进式变化,利益相关者也必然有越来越多的权力要求,股东、债权人,作为人力资本产权所有者的经营者和作为银行专用性资产的投入者,对银行治理的控制权提出了新的要求。特别是核心资本的变化会促进公司治理状态的边际调整,形成股东、经营者、债权人互动的相机治理机制。

(3) 静态治理→动态治理

国有商业银行公司治理的理论与实践多集中在静态治理方面,而国有商业银行公司治理的发展是一个从静态治理走向动态治理的过程。综合治理讲求的是治理结构与治理机制的协同配套,但是这种配套的过程是以环境的发展变化为依托的动态协同过程;相机治理本身也是一种动态治理,谁拥有企业的核心资本谁就能相机主导公司的治理。国有商业银行正是在动态治理的过程中不断打破现有的治理均衡并达到更高一级的治理均衡状态。

总之,国有商业银行公司治理的路径选择必将是分享控制权的股权制衡结构与治理机制的有机统一、内部治理结构与外部治理机制的协调统一、公司治理的利益机制与外部市场控制的配套统一;在综合治理、相机治理、动态治理的改革模式下,最终实现国有商业银行公司治理的可持续发展,推动国有商业银行整体竞争能力的提高。

6.2.2 商业银行公司治理评价的目标和原则

根据我国商业银行所处的特殊的历史阶段,在上述商业银行治理路径选择等研究成果的基础上,本节主要以《中国上市公司治理准则》要求为标准,结合《公司法》《证券法》《上市公司公司治理准则》《上市公司章程指引》《关于在上市公司实行独立董事制度的规定》等法律、法规和指引,以商业银行治理改革措施为远景目标,综合考虑定量及定性评价指标,建立商业银行公司治理评价体系的目标和原则。

(1) 评价的目标

在本书中商业银行治理评价体系的设计和指标的选择是以充分利用公开信息的银行

治理评价体系特别是年报资料进行治理评价为基础的,通过借鉴一般商业银行的公司治理评价体系的设计来促进国有商业银行公司治理结构与公司治理机制的有机结合;实现银行治理评价对银行公司治理的目的,为实现自我诊断与控制、投资者正确决策、政府实施有效监管及对商业银行的信用约束提供依据。

公司治理结构与公司治理机制具有"路径依赖"性,一国的历史文化、政治制度、法律以及企业的实践等在公司治理结构与治理机制的确立与演进中有着重要的影响[211]。我国长期的儒家伦理观念与关系网络的影响对经营者人力资本产权的配置形成了巨大的障碍,特别是在我国长期计划经济影响下的权力配置方式使得上市公司的股权结构表现为明显的"股权双轨制"[212]与国有股的"一股独大",上市商业银行这种现象也尤为严重。

在现有商业银行所处的制度环境的路径依赖的基础上,本着商业银行公司治理评价的基本原则,构建公司内部治理机制和市场治理机制的评价指标体系。并通过设计的评价指标体系对上市银行[①]进行公司治理评价,特别是单项机制的设计标准能够为国有商业银行公司治理实践提供借鉴,最终实现国有商业银行人力资本产权基础上治理结构与治理机制的有机统一。

商业银行公司治理评价应该是对商业银行公司治理结构和公司治理机制有机结合的体现。根据特定的路径选择和信息获取方面的现状,当前商业银行治理指标体系的建立应该侧重于公司内部治理结构和机制,并辅以一定的外部治理机制(本书评价指标的设计侧重于内部治理结构和机制,辅以外部的市场治理机制评价),通过商业银行特别是国有商业银行的后续改革与治理评价体系的完善,最终实现内部治理与外部治理的综合评价。

(2) 评价的原则

判断商业银行的公司治理水平,应该注重现有的制度建设和实际运作、组织机构的建立和运行,看其是否维护各有关方面的利益均衡和实现权力制约、是否有助于促进银行治理效率的提高。引入人力资本产权后,国有商业银行的权力制衡结构、激励约束机制、外部市场治理机制均发生变化,本书在商业银行公司治理评价指标的选择上体现了人力资本产权的发展与变化,遵循下面五个原则,即科学性原则、系统性原则、可行性原则、优化配置性原则及动态性原则。

① 科学性原则

科学性原则是指评价指标要尽可能客观地反映和描述商业银行公司治理活动的规律,正确反映具体情况,揭示评价对象的本质特征。商业银行公司治理评价本身是一个主观行为,故指标的选择应尽可能地采用客观的指标,科学性原则要求评价指标的设置建立在公司治理结构和公司治理机制综合体系的基础上,使之有科学的理论基础。

② 系统性原则

系统性原则是指评价指标能够将商业银行的治理整体有机地结合在一起,将系统内部各部分、各环节、系统内部和外部环境等因素看成是相互联系、相互制约的有机整体,寻求最佳组合使系统达到最优。指标体系的构建既要全面反映各要素参与治理的状况,又

---

① 选择上市银行的原因在于其信息数据的可获取性。

要充分考虑其内在的联系,全面、系统、科学、可行[211]。公司治理本身是一种在公司治理场的作用力下的公司治理结构与公司治理机制的产物,正符合系统性的要求。在整个大的金融体系的变革过程中,商业银行的人力资本所有者具备了相对于非人力资本所有者的比较优势,制衡关系的协调也需要系统性原则来指导。从系统思维的角度出发,充分考虑公司治理中各方利益相关者的动态互动关系,使公司治理结构与治理机制相匹配、人力资本与物质资本相融合。

③ 可行性原则

可行性原则是指评价指标的选取要考虑现实可能性,应尽可能采取可获取的数据。因此,应参照商业银行的制度文件、商业银行的年度报告等文件中的指标来进行相应的指标体系的选择和制定;评价指标尽量采取定量指标,但是在定量指标的选取有困难或与银行治理因素分析不符合时应依照可行性原则采取定性指标;具体的评价方法和评价指标体系具有较强的可操作性。

现行的关于商业银行及上市公司等方面的法律、法规、规章和规则是商业银行公司治理评级的法规基础,披露的和备查的上市银行信息是评价指标选取的主要来源,实地调查取得第一手资料是治理评价指标选择的必要补充。

④ 优化配置性原则

优化配置性原则是指商业银行公司治理评价指标体系的设计要充分体现经营者的人力资本产权特征,通过剩余控制权与剩余索取权的对称配置实现物质资本和人力资本最大程度的优化。优化配置性原则要求选择的指标能够充分体现出经营者人力资本产权激励、促进那些具有很高的独特性且对公司有重大战略意义的经营者人力资本内置于商业银行,通过评价指标实现奖优惩劣的功能以促进商业银行公司治理各利益相关者的合作和控制。

⑤ 动态性原则

动态性原则是指商业银行公司治理评价指标体系的设计要随着治理环境的变化而进行相应的改变,它反映了考虑环境变数的权变管理理论的思想。动态性原则要求选择及修正适当的指标,剔除与公司治理的分析因素不符的部分,增加变化的部分,使其与整个公司治理场的要素分析相一致。此外,运用战略的眼光来运用指标,当制度文件和实际运作不一致或制度建设落后于实际运作时,以实际运作为准。公司治理评价指标的设计取决于既定公司模式下的公司治理结构与公司治理机制,处于转轨经济时期的商业银行恰恰也处于变化的公司治理结构与变化的公司治理机制之中。具体表现为:指标体系设计应随着公司治理环境的改变而作相应调整;同时评价指标的重要性程度应随着指标组合的改变而作相应调整;各项指标的评价标准应随着上述因素的变化作动态调整。

6.2.3 商业银行公司治理评价层面及指标选择

商业银行公司治理评价是对内部治理和外部治理的综合评价,应该注重内部治理指标与外部治理指标的综合选择。根据人力资本产权的影响和指标获取的现实可能性,商业银行内部治理评价主要是以商业银行"三会一管"的治理结构为依托,从股东、董事会、监事会、高管人员、利益相关者、信息披露等六方面的指标来反映内部治理结构及机制的评价;外部治理机制评价主要是以市场为中心的研究,从市场化程度、债权人市场两个大类方面的指标反映外部治理机制的评价。

(1) 股东与股东大会

股东是公司治理的最重要的影响因子,股东大会是公司最高的权力机构,是作用于商业银行公司治理结构的首要因素。

① 股权结构

股权结构决定了股东结构,也在一定程度上影响股东行为,影响公司治理模式的形成、运作及绩效[213]。股权结构的评价指标主要选择国有股、法人股及高管人员持股比例,它反映的是国有股的地位和作用、所有权结构以及高管人员的"内部人控制"情况。

② 股权均衡度

股权均衡度决定了股东内部之间的权利制衡。"股权制衡"是指通过各大股东的内部利益牵制,达到互相监督、抑制内部人掠夺的股权安排模式[214]。股权均衡度评价指标主要选择第一大股东持股比例、前三大股东持股比例、前十大股东持股比例,它反映的是前几大股东之间名义上与实际上的关联关系、控股股东本身的控制权及制衡关系。

③ 股东大会及股东权利

股东大会是商业银行的权力机构,股东大会的规范情况及其权力行使是股东权益能否体现的关键。股东大会的评价指标主要选择股东大会召开情况及参加人数(出席率)、股东大会规范情况、股东参与程度,它反映的是股东权利执行与保障的体现(此处的股东既包括物质资本股东也包括人力资本产权化所产生的人力资本股东)。

股东权利是公司治理的关键,保护和体现股东权利是治理结构存在的基础和银行公司治理的根本目标之所在。在股东结构失衡普遍存在的情况下,要特别重视中小股东权利的行使。股东权利的评价指标主要选择股东投票权、股东提案通过率及是否建立中小股东积累投票权,它反映的是股东权利的具体体现。

(2) 董事与董事会

董事会是银行的最高决策和监督机构,处于商业银行公司治理的核心地位。银行公司治理结构是否规范,关键是看董事会是否发挥作用。

① 董事会结构

董事会的结构主要涉及监督管理层行为使其对股东和其他利益相关者负责的能力。董事会结构的评价指标主要包括董事会成员数量;在股东单位任职情况;股东董事、独立董事、高管董事构成;兼职董事占比;领取薪酬董事占比及额度;董事会成员持股比例(董事会成员持股比例是指各利益主体提名的董事在董事会中的分布、内部董事所占的比重)。

② 董事会运作

董事会的运作主要分析董事会和单个董事在内的公司董事的职责、权力和责任[215]。董事会的运作的评价指标主要包括董事会专门工作委员会、董事会权力行使、董事所提建议的采纳情况(即报告期董事会对股东大会决议的执行情况)、董事会决策的信息。

③ 独立董事制度

独立董事应当保障所有股东的利益,包括考虑其他利益相关者的利益。独立董事的评价指标主要包括独立董事的人数及其占比、独立董事的专业背景、独立董事的独立性、独立董事的激励。

④ 董事会激励与约束

董事和高级行政人员应当被给予公平的薪酬和鼓励以促进公司的成功,董事会激励与约束是董事会运行及功能实现的保障。董事的激励与约束评价指标主要包括董事的选择及人事更替程序(即董事任免程序)、董事薪酬确定程序、董事薪酬结构与水平、董事薪酬形式、董事薪酬与业绩的关系。

(3) 监事与监事会

监事会是上市公司的专门监督结构,它既包括对高管人员和公司的经营活动的监督,又包括对董事会、股东大会的监督。监事会是确保银行治理结构均衡的重要保障因素。

① 监事会结构

监事会的结构是监事行使监督职能的客观保障,它反映内部监督的效率。监事会结构的评价指标主要包括监事会的规模和监事会的构成。

② 监事能力

监事能力是监事行使监督职能的主观要求,它反映内部监督的可能性。监事能力的评价指标主要包括监事资格状况、监事会主席在公司的任职情况、监事会人员专职程度、监事会中是否有外部监事。

③ 监事会运作

监事会运作是监事行使监督职能的具体执行情况。监事会运作的评价指标主要包括监事会的议事规则、监事会会议情况及决议内容、监事会专项检查、监事会就有关事项发表的独立意见、监事是否与独立董事的职能重叠。

(4) 高管人员

"内部人控制"是我国银行治理的重要问题,对"内部人控制"的制衡成为贯穿经理层评价指标体系设计中的一条主线[216]。实行经营者人力资本产权后这一问题将更加复杂,合理的高管人员的制度保障与激励约束机制是实行人力资本产权的保障及内部治理改善的关键。

① 高管人员结构

高管人员是公司股东大会、董事会决议、决策的实施者,更是公司经营业绩的实现者。合理的高管人员结构可以有效制约"内部人控制"现象。高管人员结构的评价指标主要包括高管人员的规模及构成、高管人员持股情况、五分开情况。

② 任免制度

人事任免的强行政性是中国上市公司所特有的、滞碍其持续发展的始发不利因素[216]，国有商业银行亦是如此。任免制度是从控制权的角度对高管人员实行的一种激励约束，其设计导向应有助于推进"行政型"治理向"市场型"治理的转变。任免制度的评价指标主要包括高管人员的选聘方式、行政度、高管人员的变更程序。

③ 执行保障

执行保障是对高管人员行使控制权的一种安排，是高管人员管理作用发挥的保障和具体执行的保障。特别是控制权的保障是对经营者人力资本产权的承认、尊重和保护。执行保障的评价指标主要包括决策支持、经营控制、内部人控制、CEO设置。

④ 激励与约束机制

对于高管人员，既要赋予权力，给予激励，也要有效监管[217]。激励与约束机制的评价指标主要包括薪酬结构与水平、薪酬形式、薪酬与业绩的关系、职务消费制度。

（5）利益相关者

利益相关者①也是近年来公司治理关注的焦点，公司治理的评价体系中也开始引入利益相关者评价指标。银行由于特殊的行业特性，监管者、政府部门和社区等外部利益相关者对银行的绩效产生较大影响，债权人和客户对银行的公司治理作用则很小，但随着市场治理机制的完善这一部分的作用也在增强。

① 外部环境支持

外部环境支持是商业银行公司治理的重要外部制约因素，甚至会对行政型治理产生决定性的影响。外部环境支持评价指标主要包括监管者对银行的影响、政府对银行的影响、社区对银行的影响。

② 员工参与度

员工参与度是对商业银行内部利益相关者——员工的保障性指标，它反映了对员工的保护性和员工的参与性两个方面。员工参与度评价指标主要包括员工持股度、员工意愿的表达程度、员工对银行决策的参与程度。

（6）信息披露

信息披露是投资者主动接受社会监督的一种有效方式，是上市银行应承担的责任和义务。信息披露不仅影响着投资者的价值判断和决策，同时也会影响到债权人等利害关系者[218]。

① 完整性

完整性是指披露的信息是否全面与完整，是否存在重大的漏报。《公司治理准则》中规定应披露的信息包括股权结构、治理结构、财务信息和其他重要信息。完整性的评价指标主要包括财务制度的完整性、公司治理情况披露的完整性。

② 真实性

真实性是信息披露的根本，是信息有效利用的保障。在信息公开披露的数量和质量方面应当按照高标准清晰地制作和完成报告和披露。真实性评价指标主要包括审计人员

---

① 商业银行利益相关者指标获取的难度极大，其中部分关于债权人方面的指标放到市场治理机制中进行评价。当然，随着信息的完善这部分指标可动态调整。

的独立性与地位;披露内容;披露质量。

③ 及时性

及时性是指及时披露市场敏感信息,它要求所有能够提供的信息应该立即提供,并且投资公众可以自由获得,这是信息的时效性和有用性的前提。及时性评价指标主要包括定期披露、不定期披露。

(7) 市场化程度

市场化程度是商业银行公司治理机制重要的外部体现,它是利益相关者实现利益的外部保障,通常用流通比率指标来表示。流通比率指标是指已上市流通股份数占公司股份总数的比重,反映了银行股东自由买卖股票即"用脚投票"给银行带来的激励约束程度。

$$流通比率 = 已上市流通股份数 / 公司股份总数 \times 100\%$$

一般来说,流通比率越高,市场化程度越高,"用脚投票"的退出机制就越可行。消极股东的退出机制完善使得公司决策管理层的压力相对较大,有利于促进市场竞争机制对经营者的约束作用,促使他们履行勤勉尽职和管理创新之义务。

(8) 债权人市场

债权人是一种重要的外部力量,债权人市场是债权人控制能力和控制意愿的现实反映,债权人市场是否发挥作用除了要考虑一般的债权人外,还要特别考虑特殊的债权人——机构投资者。

① 次级债的发行

该指标是指商业银行的次级债发行情况、发行数量及相应的机构投资者,反映了机构投资者行使债权人监督职能的积极性。一般来说,次级债的适量发行使得债权人相机治理机制得以强化,次级债的债权功能特别是机构投资者的存在可以促使原本弱化的债权人充分发挥相机治理的职能。

② 资产负债率

该指标是指负债总额占资产总额的比重,它反映了银行资产中由债权人所提供的百分比。

$$资产负债率 = 负债总额 / 资产总额 \times 100\%$$

一般来说,高资产负债率可能实现以较少的资本控制较多的资金的财务杠杆作用,而低资产负债率则意味着债权人的债权保障较高。商业银行合理的资产负债率既是银行能获得财务杠杆好处的前提,更是债权人积极参与银行治理的表现,它将影响到商业银行的治理绩效。

③ 长期负债资产率

该指标是指长期负债占总资产的比重,它反映了以机构投资者为主体的机构对公司治理的关注程度。

长期负债资产率＝长期负债/总资产×100％

长期负债资产率对银行公司治理的影响主要是长期负债特别是对应付可转换公司债券和应付次级定期债务的关心程度,适当地关注银行的经营并监督借入资金的用途及投向,从而使外部治理机制充分发挥监督作用。

6.2.4 商业银行公司治理评价指标体系设计

根据商业银行公司治理评价层面及各项指标的选择[219-221],从股东、董事会、监事会、高管人员、利益相关者、信息披露、市场治理等7个大类65个评级指标设计如下的商业银行公司治理评价指标体系①(见表6.1～表6.7)。

表6.1 股东及股东大会评价指标

KPI	评价层面	评价依据	指标性质	优化状态
1.1 股权结构	1.1.1 国有股法人股持股比率	国有股法人股持股数/总股率	中性	—
	1.1.2 董事、高管人员持股率	董事高等人员持股率/总股率	中性	—
	1.1.3 董事、高管人员持股面	董事、高管人员持股人数/董事、高管人员总数	正指标	100％
1.2 股权均衡度	1.2.1 第1大股东持股率	第1大股东持股数/总股本	中性	—
	1.2.2 前3大股东持股率	前3大股东持股数/总股本	逆指标	—
	1.2.3 前10大股东持股率	前10大股东持股数/总股本	中性	—
1.3 股东大会及股东权利	1.3.1 股东大会召开情况	股东大会年会及临时股东大会召开情况是否与《公司法》《公司章程》相一致	正指标	是
	1.3.2 股东大会出席率	股东大会股东出席人数/股东人数	正指标	100％
	1.3.3 股东参与度	出席股东大会的股东所代表股份/总股份	正指标	100％
	1.3.4 中小股东参与保护	是否建立积累投票权	正指标	是
	1.3.5 股东提案通过率	股东大会通过的股东提案数/股东总提案数	正指标	100％
	1.3.6 股东大会规范程度	是否与《公司法》《公司章程》要求相一致	正指标	是

---

① 评价中的显性指标可通过公开信息与银行制度获得;非显性指标可通过对评价银行进行内部与外部专家问卷调查获得。优化状态表示该指标在此状态下治理绩效最优。

表 6.2 董事及董事会评价指标

KPI	评价层面	评价依据	指标性质	优化状态
2.1 董事会结构	2.1.1 董事会成员数量	实际董事会成员数	中性	3~13 人
	2.1.2 董事资格	受过正规培训的高学历董事和高级职称董事数/董事会成员总数	正指标	100%
	2.1.3 股东董事占比	股东董事数/董事会成员总数	中性	>51%,<2/3
	2.1.4 独立董事占比	独立董事数/董事会成员总数	正指标	>1/3
	2.1.5 执行董事占比	高管人员董事数/董事会成员总数	逆指标	—
2.2 董事会运作	2.2.1 董事会专门工作委员会	董事会专业工作委员会设置数/应设置数	正指标	100%
	2.2.2 董事会会议董事出席率	出席董事会会议的董事数/应出席的董事数	正指标	100%
	2.2.3 董事会会议董事通过率	决议通过票数/全部董事票数	正指标	100%
	2.2.4 董事提议的采纳情况	董事会提案数/股东大会通过数	正指标	100%
	2.2.5 董事会决议合规律	董事会决议合规数/董事会决议数	正指标	100%
2.3 独立董事	2.3.1 独立董事的专业背景	有专业背景的独立董事数/独立董事人数	正指标	100%
	2.3.2 独立董事的独立性	独立董事是否符合《独立董事制度指导意见》	正指标	是
2.4 董事会的激励与约束	2.4.1 董事任免程序	是否符合《公司法》及《公司章程》	正指标	是
	2.4.2 董事薪酬水平	金额最高的前三名董事的报酬总额	正指标	100%
	2.4.3 董事薪酬与业绩的关系	董事薪酬增长率/业绩增长率	中性	1

表 6.3 高管人员评价指标

KPI	评价层面	评价依据	指标性质	优化状态
3.1 任免制度	3.1.1 高管人员任免方式	公开招聘的高管人员/高管人员总数	正指标	>1/3
	3.1.2 行政度	政企是否合一	逆指标	否
	3.1.3 高管人员变更程序	变更是否依据《公司法》《公司章程》的程序	正指标	是
	3.1.4 高管人员变动情况	年变动的高管人员/年高管人员平均数	中性	>10%,<30%

续　表

KPI	评价层面	评价依据	指标性质	优化状态
3.2 执行保障	3.2.1 决策支持	总经理如愿聘任投票数/投票总数	正指标	100%
	3.2.2 经营控制	经理层是否能有效控制经营过程	正指标	是
	3.2.3 内部人控制	是否两职合一	逆指标	否
	3.2.4 CEO设置	是否设置CEO来负责、落实董事会的各项经管措施	正指标	是
3.3 激励与约束	3.3.1 薪酬水平	当年在银行领取薪酬的高管人员的平均薪酬	正指标	—
	3.3.2 薪酬结构	薪酬的形式与结构是否多元化	正指标	是
	3.3.3 薪酬与业绩的关系	高管人员增长率/银行业绩增长率	中性	1
	3.3.4 职务消费制度	职务消费金额/薪酬总额	逆指标	—

表6.4　监事与监事会评价指标

KPI	评价层面	评价依据	指标性质	优化状态
4.1 监事会结构及监事能力	4.1.1 监事会规模	监事会人数	正指标	≥3人
	4.1.2 大股东监事比率	大股东监事数	逆指标	<51%
	4.1.3 中小股东监事比率	中小股东监事数/监事会成员总数	正指标	>0
	4.1.4 职工监事比率	职工代表监事数/监事会成员数	正指标	>1/3
	4.1.5 监事资格	高级监事、受培训监事数/监事会成员总数	正指标	100%
	4.1.6 外部监事	外部监事数	正指标	≥0
4.2 监事会运作	4.2.1 监事会会议监事出席率	出席监事会监事数/监事会成员总数	正指标	100%
	4.2.2 监事会决议监事通过率	通过决议的监事投票数/监事投票总数	正指标	100%
	4.2.3 监事会决议合规率	监事会决议合规数/监事会合规数	正指标	100%
	4.2.4 监事会有效记录保存率	保存的监事会会议有效纪录/监事会全部会议有效记录	正指标	100%

表 6.5　利益相关者评价指标

KPI	评价层面	评价依据	指标性质	优化状态
5.1 外部环境支持	5.1.1 监管者的影响	是否正面影响	正指标	是
	5.1.2 政府的影响	是否正面影响	正指标	是
5.2 监事会运作	5.2.1 员工持股率	内部职工股/股份总额	正指标	—
	5.2.2 员工意愿的表述程度	是否能并且有方式表述	正指标	是
	5.2.3 员工银行决策参与程度	员工提案数/总提案数	正指标	—

表 6.6　信息披露评价指标

KPI	评价层面	评价依据	指标性质	优化状态
6.1 完整性	6.1.1 财务制度的完整性	按规定完整披露财务信息的次数/信息披露总次数	正指标	100%
	6.1.2 公司治理情况披露的完整性			
6.2 真实性	6.2.1 审计人员的独立性	是否具有独立性	正指标	是
	6.2.2 披露内容	按规定真实披露信息的次数/信息披露总次数	正指标	100%
	6.2.3 披露质量			
6.3 及时性	6.3.1 定期披露	按规定时间披露信息的次数/信息披露总次数	正指标	100%
	6.3.2 不定期披露	尽早时间披露信息的次数/信息披露总次数	正指标	100%

表 6.7　市场治理机制评价指标

KPI	评价层面	评价依据	指标性质	优化状态
7.1 市场化程度	7.1.1 流通比率	是否正面影响	正指标	100%
7.2 债权人市场	7.2.1 次级债	次级债发行额/资产总额	中性	—
	7.2.2 资产负债率	负债总额/资产总额	中性	—
	7.2.3 长期负债率	长期负债/资产总额	中性	—

6.2.5　综合指标体系框架

每一评价层面的指标只能单方面对商业银行的治理状态进行评价,无法从整体上来对商业银行的综合治理进行评价。综合评价既可以比较每一个治理层面的治理情况,又可以综合整个商业银行的治理状况及水平。商业银行公司治理综合评价表中(表 6.8),

根据优化状态对每一指标值进行评分,并根据评价的原则确定权重,通过加权平均的方法进行最终的综合评级。通过综合评价表可以有效分析商业银行公司治理需要改进的地方,有助于商业银行整体能力的提升。

商业银行公司治理评价指标体系的设计是一个将内部公司治理和外部公司治理相结合的设计,是一个综合评价的指标体系设计。评价对象——公司治理结构及公司治理机制又具有多个不同的属性指标和分指标,所以综合评价是一个系统评价的过程,它从整体上系统地揭示被评价对象的状态和发展规律,为优化商业银行公司治理提供科学决策、合理建议的信息依据。整个指标体系的建立与设计实际上是一个"拆零"与"组装"的互动过程,适宜的整合原则和合理的权重确定方法及指标的选择是构建综合评价模型的关键。

表 6.8 商业银行公司治理综合评价表

治理层面	KPI	序号	评价层面	指标值	指标权重	指标评分	指标加权
1. 股东及股东大会	1.1 股权结构	1.1.1	国有股、法人股持股比率				
		……					
		1.1.3	董事、高管人员持股面				
	1.2 股权均衡度	1.2.1	第1大股东持股率				
		……					
		1.2.10	前10大股东持股率				
	1.3 股东大会及股东权利	1.3.1	股东大会召开情况				
		……					
		1.3.6	股东大会规范程度				
2. 董事与董事会	2.1 董事会结构	2.1.1	董事会成员数量				
		……					
		2.1.5	执行董事占比				
	2.2 董事会运作	2.2.1	董事会专门工作委员会				
		……					
		2.2.5	董事会决议合规率				
	2.3 独立董事	2.3.1	独立董事的专业背景				
		2.3.2	独立董事的独立性				
	2.4 董事会的约束与激励	2.4.1	董事会任免程序				
		……					
		2.4.3	董事薪酬与业绩的关系				

续 表

治理层面	KPI	序号	评价层面	指标值	指标权重	指标评分	指标加权
3.高管人员	3.1 任免制度	3.1.1	高管人员选聘方式				
		……					
		3.1.4	高管人员变动情况				
	3.2 执行保障	3.2.1	决策支持				
		……					
		3.2.4	CEO 设置				
	3.3 激励与约束	3.3.1	薪酬述评				
		……					
		3.3.4	职务消费制度				
4.监事会	4.1 监事会结构及监事能力	4.1.1	监事会规模				
		……					
		4.1.6	外部监事				
	4.2 监事会运作	4.2.1	监事会会议监事出席率				
		……					
		4.2.4	监事会有效记录保存率				
5.利益相关者	5.1 外部环境支持	5.1.1	监管者的影响				
		5.1.2	政府的影响				
	5.2 员工参与度	5.2.1	员工持股率				
		……					
		5.2.3	员工银行决策参与程度				
6.信息披露	6.1 完整性	6.1.1	财务制度的完整性				
		6.1.2	公司治理情况披露的完整性				
	6.2 真实性	6.2.1	审计人员的独立性				
		……					
		6.2.3	披露原理				
	6.3 及时性	6.3.1	定期披露				
		6.3.2	不定期披露				
7.市场治理	7.1 市场化程度	7.1.1	流通比率				
		7.1.2	次级债				
	7.2 债权人市场	7.2.2	资产负债率				
		7.2.3	长期负债率				

本书对商业银行公司治理评价指标体系的设计,结合了国内商业银行的实际运行情况,将市场治理机制指标纳入到整个评价体系中进行评价,是对传统评价指标体系的一种改进。因此,可以综合评价商业银行各治理影响因素对银行的经营业绩的影响。总之,国有商业银行的改革可以按照评价体系的要素评价优化值进行相应的改革,加大股份制改革的力度,建立与完善激励约束机制,着力改善外部环境,全面加强股东、董事会、监事会、高管人员等治理结构因素与利益相关者、信息披露等外部治理机制之间的联系,最终从公司治理整体上推进国有商业银行核心能力的提高。

6.3 本章小结

以一般商业银行治理评价体系为依托,结合经营者人力资本产权的影响提出对内部公司治理和外部公司治理整合的设计,经营者人力资本产权通过内部治理与外部治理各因素的作用促进国有商业银行公司治理及评价的整合与提升。在此基础上,设计商业银行公司治理评价指标体系,首次将外部市场治理机制作为单独的评价层面引入到商业银行公司治理评价中,并充分考虑人力资本产权的影响和指标数据获取的现实可能性。商业银行内部治理评价主要是以商业银行"三会一管"的治理结构为目标,外部治理评价主要是对市场治理机制、监管机制及债权人相机治理机制的效用进行评价,构建了内部治理和外部治理有机结合的综合评价指标体系。

第七章 结束语

7.1 主要工作和结论

本书首先对研究载体国有商业银行的属性进行了分析,国有商业银行不仅具有一般企业的属性,还具有金融行业的特殊性和国有商业银行的特殊性;以国有商业银行的特殊性作为全书分析的基点,在对特殊性进行现状分析的基础上,引入了国有商业银行治理要素的机理分析;其特殊性的现状分析与治理要素的机理分析为国有商业银行公司治理的研究奠定了基础。

在特殊性研究的基础上,本书从产权、人力资本产权的角度对国有商业银行公司治理结构进行了深入的研究,特别是所有权与股权的关联分析为国有商业银行的产权改革及股份化改造提供了新的思路;运用博弈模型对人力资本产权配置提出了重构模式,在人力资本产权视角下从微观运行与宏观制度设计两个方面对国有商业银行公司治理结构的重构进行了研究。

在国有商业银行公司治理结构研究的基础上,将人力资本产权作为内部治理与外部治理相结合的纽带,从国有商业银行内部治理转向对国有商业银行外部治理的研究,形成人力资本产权制度下的市场治理机制、监管机制与债权人相机治理机制等外部治理机制的有机统一。

商业银行公司治理评价指标体系作为公司治理结构与公司治理机制的统一体应该发挥引导作用。以一般商业银行治理评价体系为依托,结合经营者人力资本产权的影响提出对内部公司治理和外部公司治理整合的设计,经营者人力资本产权通过内部治理与外部治理各因素的作用促进国有商业银行公司治理及评价的整合与提升。

具体来说,本书通过对国有商业银行公司治理的系统研究,得到如下结论和研究成果。

(1) 基于协同学和场论的国有商业银行公司治理关系图的建立

在国有商业银行特殊性研究的基础上,首次将系统论中协同学的观点和物理学中场论的思想引入到公司治理要素的机理分析中来,建立基于协同学和场论的国有商业银行公司治理关系图,为本书的研究定下了一个系统协同的基调,形成了以人力资本产权为切入点,公司治理结构、公司治理机制、公司治理评价相结合的、全面系统的国有商业银行公司治理体系的研究。

(2) 所有权与股权的关联分析,为国有商业银行的产权改革及股份化改造提供思路

对国有商业银行产权与股权结构进行研究,从理论研究出发,对国有商业银行产权与股权结构进行关联分析,并结合我国国有商业银行产权与股权结构的现状分析,对国有商业银行的产权改革及股份化改造提供可行性方案和建设性思路。

(3) 产权、控制权与经营者的行为模式选择

国有商业银行改革的实质就是产权配置,就是政府与银行、人力资本所有者与物质资本所有者关于剩余控制权和剩余索取权的博弈过程。在特定的制度安排和激励约束条件下,研究国有商业银行经营者如何进行自身的行为模式选择,并对国有商业银行企业家行为模式选择进行了经济学分析。

(4) 人力资本产权与公司治理的相互影响

人力资本产权制度是一种自励机制与他励机制相结合的制度,是解决和完善公司治理问题的最有效的方式之一,人力资本产权激励机制的设计成为银行治理中极为重要的问题。研究人力资本产权与公司治理结构的相互影响,围绕人力资本作用的发挥和人力资本产权的特征来安排治理结构,对公司治理结构进行渐进式的边际调整。

(5) 共同治理模式的构建

我国国有商业银行的特殊性现状和治理路径演进决定了当前的治理应该是物质资本产权与以经营者为主体的人力资本产权共同治理的权力安排,并表现为"物质资本与人力资本共同治理"型的公司治理结构安排。重构的共同治理模式中,经营者人力资本产权将直接影响到当前股东大会、董事会、监事会的构成及高管人员的激励约束机制,进而引致公司治理结构的变化。公司治理模式的变化又有助于促进人力资本产权分析基础之上的分享控制权的股权制衡结构与机制的建立,逐步实现从"股东单边治理"向"利益相关者共同治理"过渡。

(6) 外部治理机制的研究与整合

从人力资本产权的视角出发,市场治理机制、监管机制与债权人相机治理机制共同构成国有商业银行的外部治理机制。人力资本产权作为内外结合的纽带将内部治理结构与外部治理机制有机结合在一起,并实现人力资本产权维度下公司外部治理机制的整合。

(7) 债权人相机治理模式的强化

由于特殊的行业特性,商业银行主要债权人的客观能力和主观意愿均较弱,债权人相机治理模式也相对弱化。发行次级债与引入机构投资者可以强化债权人相机治理模式,特别是债权人的相机控制与经营者人力资本产权的有机结合有助于国有商业银行债权人治理功能的实施和权力制衡,形成利益相关者合作逻辑下公司治理机制的创新。

(8) 公司治理评价指标体系的设计

商业银行公司治理评价指标体系的设计是将内部公司治理和外部公司治理相结合的

设计,是一个综合评价的指标体系设计,也是从内外结合的角度对公司治理的利益机制与外部市场控制机制进行的关联研究。商业银行公司治理评价指标体系的设计首次尝试将外部治理机制引入到评价体系中,这是对评价指标体系的一个有益补充。国有商业银行评价体系的设计有助于推进人力资本产权与国有商业银行治理模式的优化,最终从公司治理整体上推进国有商业银行核心能力的提高。

总之,本书以人力资本产权为切入点,从国有商业银行公司治理结构、国有商业银行公司治理机制及国有商业银行公司治理评价的角度对国有商业银行公司治理进行系统的研究。

7.2 研究展望

本书涉及的内容非常广泛,本人查阅了大量的文献资料,应用了一些新的科研成果对国有商业银行公司治理这一新兴课题进行了较为系统的研究和探讨。国有商业银行的特殊性与其系统的复杂性决定了其公司治理因素的复杂性。此外,国有商业银行的公司治理尚处于初步探索阶段,可借鉴的现有的理论成果还较少。因此,以上所列的本书的成果也仅仅是初步的、粗浅的,在以下方面还有待于进一步完善和提高。

(1) 人力资本产权是国有商业银行公司治理中必须重视的因素,因此,在国有商业银行公司治理研究中应考虑将人力资本产权向人力资本产权化的方向转变,使人力资本产权在国有商业银行公司治理的改革中形成一种制度、一种过程及一种实现方式。

(2) 影响国有商业银行公司治理的因素很多,本书建立了商业银行公司治理的评价指标体系,还需要进一步根据实际情况对内部治理结构指标进行调整,对外部治理机制指标进行优化,增减指标数量,使评价结果更具有实用价值。

(3) 本书建立商业银行公司治理评价指标体系并提出其对国有商业银行公司治理改革的现实要求,希望其能对国有商业银行改革提出建设性的意见。但由于数据资料的限制,本书没有对国有商业银行公司治理评价进行实证研究,随着信息披露制度的健全和数据获取途径的拓宽,这一部分有待进行后续补充研究,进行国有商业银行公司治理评价的实现研究,从而使建设性的意见更具有现实指导意义。

后　　记

本书几易其稿,终于可以出版了。回想从读博士开始,本人就致力于这一课题的研究,经历了数年曲折的心路历程。书稿的整理和修改过程也断断续续,但是我对于国有商业银行公司治理的思索却从来没有间断过。作为金融改革的攻艰领域,商业银行特别是大型国有商业银行公司治理的改革方向、人力资本产权的实现路径仍将是我持续关注的重点。

本书是在我博士论文的基础上完成的。博士毕业后,我即进入南京大学工商管理博士后流动站,在刘洪老师门下做博士后研究,所选的课题是组织变革的复杂性研究。此课题暂时束之高阁,但这样"冷处理"的过程中,也使我重新检视自己的观点,补充了相关材料,完善对观点的论证。感谢我的导师史安娜教授的悉心指导和对本书出版的关心。在书稿写作和修改过程中,得益于与同门及同学的交流与探讨,感谢曹广喜博士、冯跃博士、杨亚军博士、李国昊博士、赖磊博士、张龙博士、侯赟慧博士、吕鸿江博士等所给予的真诚帮助!特别感谢刘双芹副教授在英文文献及翻译与校正中给予的指导!感谢我的硕士研究生刘坤、郭新越、曹俊、熊敏等在数据收集与材料补充中给予的帮助!

河海大学出版社沈佳梅编辑细致耐心校对书稿,提出很好的建议,河海大学刘小卫老师、刘峰老师对本书出版也提供了许多帮助,在此一并致谢!

在书稿修改的最后阶段,正值我在悉尼访学,这为紧张的访学生活更增添了一份忙碌。不过在异国他乡有父母和女儿相伴,感觉是如此温馨美好!

张　鑫
2015 年 1 月于悉尼　新南威尔士大学

参考文献

[1] Shleifer A, Vishny R W. A survey of corporate governance [J]. The journal of finance, 1997, 52(2): 737-783.

[2] Berger A N, Demsetz R S, Strahan P E. The consolidation of the financial services industry: causes, consequences, and implications for the future [J]. Journal of Banking & Finance, 1999, 23(2): 135-194.

[3] Hart O. Corporate governance: some theory and implications [J]. The economic journal, 1995, 105(5): 678-689.

[4] 钱颖一. 中国的公司治理结构改革和融资改革:转轨经济中的公司治理结构[M]. 北京:中国经济出版社,1995.

[5] 张维迎. 所有制、治理结构与委托—代理关系——兼评崔之元和周其仁的一些观点[J]. 经济研究,1996(9):3-15,53.

[6] 吴敬琏. 现代公司与企业改革[M]. 天津:天津人民出版社,1994.

[7] 林毅夫,蔡昉,李周. 充分信息与国有企业改革[M]. 上海:上海三联书店,上海人民出版社,1997.

[8] 费方域. 企业的产权分析[M]. 上海:上海三联书店,上海人民出版社,1998.

[9] 亚当·斯密. 国民财富的性质和原因的研究(下卷)[M]. 北京:商务印书馆,1981.

[10] Berle A A, Means G G C. The modern corporation and private property [M]. New York: Macmillan,1932.

[11] 斯蒂格利茨. 转轨中的公司治理失效[DB/OL]. http://www.docin.com/p-15101535.html.

[12] 迈克尔·詹森,威廉·梅克林. 企业理论:管理行为、代理成本与所有权结构[A]//陈郁. 所有权、控制权与激励——代理经济学文选. 上海:上海三联书店,1998.

[13] 王新宇,邱菀华. 风险态度可变特征对证券市场投资者博弈的影响[J]. 金融研究,2005(11):93-99.

[14] 李有彬. 公司治理与投资理论视角下的关系投资述评[J]. 外国经济与管理,2006,28(2):30-37.

[15] Maug E. Large shareholders as monitors: is there a trade—off between liquidity and control? [J]. The journal of finance, 1998, 53(1): 65-98.

[16] Aghion P, Tirole J. Formal and real authority in organizations[J]. Journal of political economy, 1997,105(1): 1-29.

[17] 李维安. 公司治理学[M]. 北京:高等教育出版社,2009.

[18] Williamson O E. Transaction-cost economics: the governance of contractual relations[J]. Journal

[19] 德姆塞茨,阿尔钦.生产、信息成本与经济组织[A]//哈罗德·德姆塞茨.所有权、控制与企业:论经济活动的组织.段毅才,译.北京:经济科学出版社,1999.

[20] [美]奥利弗·E.威廉姆森.资本主义经济制度——论企业签约与市场签约[M].段毅才,王伟,译.北京:商务印书馆,2002.

[21] 加护野忠男,小林孝雄.资源抵押与退出障碍[A]//今井贤一,小宫隆太郎.现代日本企业制度.陈晋,等,译.北京:经济科学出版社,1995.

[22] 周扬波.人力资本产权与企业绩效的经济学分析[J].山西财经大学学报,2007,29(3):78-82.

[23] 方松,张书人.国有商业银行治理结构问题探讨[J].上海财经大学学报,2002,4(6):46-51.

[24] 简新华.委托代理风险与国有企业改革[J].经济研究,1998(9):44-49.

[25] 周其仁."控制权回报"和"企业家控制的企业"——"公有制经济"中企业家人力资本产权的个案[J].经济研究,1997(5):31-42.

[26] 张维迎.企业理论与中国企业改革[M].北京:北京大学出版社,1999.

[27] 张维迎.控制权损失的不可补偿性与国有企业兼并中的产权障碍[J].经济研究,1998(7):3-14.

[28] Jensen, M. C., R. S. Ruback. The Market for Corporate Control: the Scientific Evidence[J]. Journal of Financial Economics,1983(11):5-50.

[29] Grossman S J, Hart O D. The costs and benefits of ownership: a theory of vertical and lateral integration [J]. The Journal of Political Economy, 1986,94(4):691-719.

[30] Hart O, Moore J. Property Rights and the Nature of the Firm [J]. Journal of Political Economy, 1990,98(6):1119-1158.

[31] 张维迎.企业的企业家——契约理论[M].上海:上海三联书店,上海人民出版社,1995.

[32] Nunberg G. Transfers of meaning [J]. Journal of semantics, 1995, 12(2):109-132.

[33] Jensen M C, Meckling W H. Theory of the Firm: Managerial Behavior, Agency Costs and Ownership Structure[J]. Journal of Financial Economics,1976,3(4):305-360.

[34] Moon Christopher J, Otley M. Corporate Governance in the Asia Pacific Region: Mechanism for Reconciling Stakeholder Interest [J]. Euro-Asia Journal of Management, 1997, 12(1).

[35] Ahn J, Freeman H. Part 3: The Merger of Computer Data and Thematic Mapping: A Program For Automatic Name Placement [J]. Cartographica: The International Journal for Geographic Information and Geovisualization, 1984, 21(2):101-109.

[36] Blair M M. Rethinking assumptions behind corporate governance[J]. Challenge, 1995,38(6):12-17.

[37] 杨瑞龙,周业安.一个关于企业所有权安排的规范性分析框架及其理论含义——兼评张维迎、周其仁及崔之元的一些观点[J].经济研究,1997(1):12-21.

[38] 张春霖.理解现实的企业——从玛格丽特·布莱尔的理论得到的一些启示[J].经济社会体制比较,1998(5):6-9.

[39] 岳晓光.基于利益相关者理论的公司治理模式研究[J].商业时代,2010(31):72-73.

[40] Aghion P, Bolton P. An incomplete contracts approach to financial contracting[J]. The review of economic Studies, 1992, 59(3):473-494.

[41] Hart O. Corporate governance: some theory and implications[J]. The economic journal, 1995,105 (430):678-689.

[42] 王元龙.中国国有商业银行股份制改革研究［J］.金融研究,2001(1):87-96.

[43] Martin S, Parker D. The Impact of Privatisation: Ownership and Corporate Performance in the United Kingdom[M]. London:Routledge, 1997.

[44] Tittenbrun, Jack. Private Versus Public Enterprises［M］. London:Janus Publishing Company, 1996.

[45] 侯合心.国有商业银行上市研究[J].金融研究,2001(4):32-39.

[46] Marris, R. The Economic Theory of Managerial Capitalism［M］. London: Macmillan, 1964.

[47] Manne H G. Mergers and the market for corporate control［J］. The Journal of Political Economy, 1965,73(2):110-120.

[48] Fama E F. Agency Problems and the Theory of the Firm[J]. The Journal of Political Economy, 1980,88(2):288-307.

[49] Martin K J, McConnell J J. Corporate Performance, Corporate Takeovers, and Management Turnover[J]. The Journal of Finance, 1991, 46 (2):671-687.

[50] ［美］T·W·舒尔茨.制度与人的经济价值的不断提高[A]//R.科斯,A.阿尔钦,D.诺斯,等.财产权利与制度变迁.上海:上海三联书店,上海人民出版社,1994.

[51] ［美］雅各布·明塞尔.人力资本研究[M].张凤林,译.北京:中国经济出版社,2001.

[52] Becker G S. An economic analysis of fertility[A]//Becker G S, Duesenberry J S, Okun B. Demographic and economic change in developed countries. Columbia University Press, 1960.

[53] 叶正茂,叶正欣.组织人力资本论——人力资本理论的拓展研究与应用[M].上海:复旦大学出版社,2007.

[54] 李建民.人力资本通论[M].上海:上海三联书店,1999.

[55] 周其仁.市场中的企业:一个人力资本与非人力资本的特别合约［J］.经济研究,1996(6):71-79.

[56] 方竹兰.人力资本所有者拥有企业所有权是一个趋势——兼与张维迎博士商榷［J］.经济研究,1997(6):36-40.

[57] 黄乾.人力资本产权的概念、结构与特征[J].经济学家,2000(5):38-45.

[58] 郑兴山,唐元虎,蒋序标.企业所有权安排与人力资本产权博弈分析[J].学术月刊,2001(5):21-28.

[59] 约瑟夫·熊彼特.经济发展理论[M].何畏,易家详,等,译.北京:商务印书馆,1990.

[60] 秦兴方.人力资本与收入分配机制[M].北京:经济科学出版社,2003.

[61] 兰玉杰,陈晓剑.企业家人力资本激励约束机制的理论基础与政策选择[J].数量经济技术经济研究,2002(2):15-17.

[62] Barro J R, Barro R J. Pay, performance, and turnover of bank CEOs[J]. Journal of Labor Economics,1990,8(4):448-481.

[63] 程承坪.论企业家人力资本与企业绩效关系[J].中国软科学,2001(7):67-71.

[64] 付维宁.企业家人力资本与企业绩效:一个理论分析模型[J].财经科学,2003(6):65-70.

[65] Landsman, Wayne R, Shapiro, Alan C. Tobin's Q and the Relationship between Accounting ROI and Economic Return［D］. Accounting Working Paper, University of California at Los Angeles, 1989.

[66] Lambert R A, Larcker D F. An analysis of the use of accounting and market measures of performance in executive compensation contracts[J]. Journal of Accounting research, 1987,25:

85-125.

[67] 赵曙明,彭纪生.企业家特殊人力资本的形成、产权归属与企业家年薪制[J].生产力研究,2001(5):124-126.

[68] Gibbons R, Murphy K J. Optimal incentive contracts in the presence of career concerns: theory and evidence [J]. Journal of Political Economy, 1992,100(3):468-505.

[69] Hemmer T, S Matsunaga, T Shevlin. Fair Value of Employee Stock Options with Expected Early Exercise [J]. Accounting Horizons,1994(12):23-42.

[70] Lewellen W, Loderer C, Martin K. Executive compensation and executive incentive problems: an empirical analysis[J]. Journal of accounting and economics, 1987, 9(3):287-310.

[71] Mehran H. Executive compensation structure, ownership, and firm performance[J]. Journal of financial economics, 1995, 38(2):163-184.

[72] Morck R, Shleifer A, Vishny R W. Management ownership and corporate performance: an empirical analysis[J]. Journal of Accounting and Economics,1988(7):11-42.

[73] 赵曙明.企业家的人力资本价值[J].中国人力资源开发, 2001 (11):4-5.

[74] Warner J B. Stock market reaction to management incentive plan adoption: an overview[J]. Journal of Accounting and Economics, 1985, 7(1):145-149.

[75] Warner J B, Watts R L, Wruck K H. Stock prices and top management changes[J]. Journal of Financial Economics, 1988, 20:461-492.

[76] Rosen S. Contracts and the market for executives [A]//Lars Werin, Hans Wijkander. Contract Economics. Oxford, UK Cambridge:Blackwell, 1992:181-211.

[77] 杨瑞龙,杨其静.专用性,专有性与企业制度[J].经济研究,2001, 3(6):3-11.

[78] 魏杰.企业的前沿问题——现代企业管理方案[M].北京:中国发展出版社,2001.

[79] 郑兴山,唐元虎.企业人力资本产权理论研究[M].上海:上海社会科学院出版社,2003.

[80] Prowse S D. Alternative methods of corporate control in commercial banks [J]. Journal of Financial Research,1997,20 (4):509-527.

[81] Mathur A, Burhan J. The Corporate Governance of Banks:CAMEL-IN-A-CAGE[A]//Sorab B, Rogers B. ASIAN REVIVAL:RISK, CHANGE AND OPPORTUNITY. Asia Law & Practice, 1999.

[82] Ciancanelli, Gonzalez. Corporate Governance in Banking: a Concept Framework [Z]. Strathclyde University Working Papers,2000.

[83] Macey, O'Hara. The Corporate Governance of Banks [J]. FRBNY Economic Policy Review,2001 (10):1-17.

[84] Arun, Turner. Corporate Government of Banking Institutions in Developing Economics:The Indian Experience [Z]. University of Ulster Working Papers,2004.

[85] Caprio, Levine. Corporate Governance of Banks:Concepts and International Observations [Z]. World Bank Working Papers,2002.

[86] Levine R. The corporate governance of banks[C]. Global Corporate Governance Forum, World Bank, Washington, DC. 2003.

[87] Nam S. W. Corporate governance of banks: review of issues[Z]. Working Paper of Asian Development Bank Institute (ADBI), 2004.

[88] 李维安,曹廷求.商业银行公司治理——基于商业银行特殊性的研究[J].南开学报(哲学社会科学版),2005(1):83-89.

[89] 欧阳青东,陈雨花.城市商业银行公司治理:基于特殊性的再均衡[J].南方金融,2013(3):88-92.

[90] Saunders A, Strock E, Travlos N G. Ownership structure, deregulation, and bank risk taking [J]. the Journal of Finance, 1990, 45(2): 643-654.

[91] Hadlock C, Houston J, Ryngaert M. The role of managerial incentives in bank acquisitions[J]. Journal of Banking & Finance, 1999, 23(2): 221-249.

[92] La Porta R, Lopez de Silanes F, Shleifer A. Government ownership of banks[J]. The Journal of Finance, 2002, 57(1): 265-301.

[93] 史小坤,张化尧.国有商业银行创新的特殊制度约束[J].国际金融研究,2002(6):55-59.

[94] 湛志伟.股份制:国有商业银行的产权改革方向[J].财经理论与实践,2002(4):43-45.

[95] 李念斋.国有商业银行股份制改革研究[J].中南财经政法大学学报,2002(1):86-90.

[96] 宋玮.国有商业银行公司治理的理论分析:产权基础、治理目的与特殊性[J].货币金融评论,2002(11,12):6-17.

[97] 王晓枫.产权制度改革与我国商业银行的信息披露[J].会计研究,2003(8):39-41.

[98] 李艳虹.投资者保护、绩效与风险控制——国有商业银行公司治理研究[M].北京:中国金融出版社,2009.

[99] 杨有振,赵瑞.中国商业银行风险规避与股权结构:基于面板数据的经验与证据[J].财贸经济,2010,(6):33-39.

[100] 宋玮.国有商业银行公司治理的理论分析及政策含义[J].金融论坛,2003(3):8-12.

[101] Dewatripont M, Tirole J. The Prudential Regulation of Banks[M]. Cambridge, Massachusetts: The MIT Press,1993.

[102] 曹艳华,牛筱颖.上市银行治理机制对风险承担的影响(2000—2007)[J].金融论坛,2009(1):43-48.

[103] 张旭阳.改进银行业的公司治理结构——国际银行业的实践及对我国银行业的启示[J].国际金融研究,2001(4):52-58.

[104] 朱正元.应对WTO挑战的现实选择——论国有商业银行分步重组上市[J].华中科技大学学报(社会科学版),2001(1):64-67.

[105] 严文兵.产权、竞争与国有商业银行公司治理结构的构建[J].国际金融研究,2002(3):47-51.

[106] 刘伟,黄桂田.中国银行业改革的侧重点——产权结构还是市场结构[J].经济研究,2002(8):3-11.

[107] 郭武平."金股":国有银行吸引战略投资者的有效途径——兼论国有银行股权设计[J].金融研究,2004(8):78-85.

[108] 于良春,鞠源.垄断与竞争:中国银行业的改革与发展[J].经济研究,1999(8):48-57.

[109] 林毅夫,李永军.中小金融机构发展与中小企业融资[J].经济研究,2001,1(10):10-18.

[110] 陈志昂.以监管促进国有商业银行治理——兼评国有商业银行改制上市[J].商业经济与管理,2004(1):53-56.

[111] 杨晓丽.基于公司治理理论的国有商业银行治理风险分析[J].管理现代化,2012(2):59-61.

[112] 徐振东.论在银行公司治理中实现三权有效制衡[J].国际金融研究,2003(9):55-61.

[113] Alexander K, Dhumale R. Enhancing Corporate Governance for Financial Institutions: The Role

of International Standards[R]. ESRC Centre for Business Research, University of Cambridge, 2001.

[114] 郭治安. 协同学入门[M]. 成都:四川人民出版社,1988.

[115] 张鑫,史安娜. 商业银行的特殊性与公司治理研究[J]. 上海金融学院学报,2005(5):29-33.

[116] 严若森. 人力资本专用化的内生公司治理研究[J]. 中国工业经济,2005(1):80-86.

[117] 黄乾. 企业所有权安排的理论探讨[J]. 河北学刊,2002(2):34-38.

[118] 张维迎,马捷. 恶性竞争的产权基础[J]. 经济研究,1999(6):11-20.

[119] Jensen M C, Meckling W H. Rights and production functions: an application to labor-managed firms and codetermination[J]. Journal of business, 1979,52(4): 469-506.

[120] 李维安. 现代公司治理研究[M]. 北京:中国人民大学出版社,2002.

[121] 孙章伟. 国有银行所有权安排的经济分析[J]. 国际金融研究,2002(12):25-29.

[122] Coase R H. The problem of social cost [J]. Journal of Law & Economics,1960(3): 1-44.

[123] 杨瑞龙. 国有企业股份制改造的理论思考[J]. 经济研究,1995, 2: 13-22.

[124] 中国人民银行研究局. 国有商业银行治理结构专论[M]. 北京:中国财政出版社,2002.

[125] 李维安,林润辉,周建. 网络经济条件下的公司治理[J]. 南开管理评论, 2001 (2).

[126] Niskanen W A. Bureaucracy and representative government [M]. Chicago: Aldine Atherton, 1971.

[127] 毛小威,巴曙松. 论国有银行有效治理结构的构建[J]. 国际经济评论,2001(2):32-36.

[128] 孙娜,晏勇健. 国外公司治理对国有商业银行治理的启示[J]. 当代经济,2005(9):69-70.

[129] 阿尔钦. 新帕尔格雷夫经济学大辞典[M]. 北京:经济科学出版社,1992.

[130] 黄载曦,李萍. 高新技术企业人力资本特征与治理[J]. 改革,2005(6):77-81.

[131] 杨瑞龙. 现代企业产权制度[M]. 北京:中国人民大学出版社,1996.

[132] O. E. 威廉姆森. 交易费用经济学讲座专辑[J]. 经济工作者学习资料,1987,50:15.

[133] Alchian A A, Demsetz H. Production, information costs, and economic organization [J]. The American economic review, 1972, 62(5): 777-795.

[134] Blair M M. Ownership and control: rethinking corporate governance for the twenty-first century [J]. Long Range Planning, 1996, 29(3): 432.

[135] Klein B, Crawford R G, Alchian A A. Vertical integration, appropriable rents, and the competitive contracting process[J]. Journal of law and economics, 1978, 21(2): 297-326.

[136] 张同全. 企业人力资本产权论[M]. 北京:中国劳动社会保障出版社,2003.

[137] 郑林. 国有企业治理结构研究[M]. 郑州:河南人民出版社,2002.

[138] 黄群慧. 企业家激励约束与国有企业改革[M]. 北京:中国人民大学出版社,2000.

[139] North D C. Structure and change in economic history [M]. New York: Norton, 1981.

[140] 王珺. 论转轨时期国有企业经理行为与治理途径[J]. 经济研究,1998(9):37-43.

[141] 黄群慧. 控制权作为企业家的激励约束因素:理论分析及现实解释意义[J]. 经济研究,2000(1):41-47.

[142] Aghion P, Tirole J. Formal and real authority in organizations[J]. Journal of political economy, 1997, 105(1): 1-29.

[143] Stigler G J, Friedland C. The literature of economics: the case of Berle and Means[J]. Journal of law and Economics, 1983, 26(2): 237-268.

[144] 吴敬琏. 股票期权激励与公司治理[J]. 经济管理文摘,2002(12):30-31.

[145] Lazear E P, Rosen S. Rank-order tournaments as optimum labor contracts[J]. Journal of Political Economy,1981,89(5):841-864.

[146] Green J R, Stokey N L. A Comparison of Tournaments and Contracting[J]. Journal of Political Economy,1983,91(3):349-364.

[147] Brown K C, Harlow W V, Starks L T. Of tournaments and temptations: an analysis of managerial incentives in the mutual fund industry[J]. The Journal of Finance, 1996, 51(1): 85-110.

[148] Raghuram G Rajan, Luigi Zingales. The Governance of the New Enterprise. NBER Working Paper No. 7958,2000 October[EB/OL]. http://www.nber.org/papers/W7958.

[149] 魏杰. 论企业治理结构中的人力资本机制[J]. 福建论坛(经济社会版),2002(11):31-34.

[150] 青木昌彦,钱颖一. 转轨经济中的公司治理结构[M]. 北京:中国经济出版社,1995.

[151] 周其仁. 不承认企业家人力资本价值会怎样[J]. 中国企业家,2005(5):54-56.

[152] 文宗瑜. 人力资本产权的定价及其交易[J]. 中国工业经济,2001(3):34-41.

[153] 张维迎. 产权安排与企业内部的权力斗争[J]. 经济研究,2000(6):41-50.

[154] 谢德仁. 企业剩余索取权:分享安排与剩余计量[M]. 上海:上海三联书店,上海人民出版社,2001.

[155] 赵曙明. 企业家的人力资本价值[J]. 中国人力资源开发,2001(11):4-6.

[156] 李维安. 公司治理理论与实务前沿[M]. 北京:中国财政经济出版社,2003.

[157] 陈学彬,张文. 完善我国商业银行激励约束机制的博弈分析[J]. 国际金融研究,2003(3):12-17.

[158] 张维迎. 产权、激励与公司治理[M]. 北京:中国科学出版社,2005.

[159] 柳国昌. 企业家人力资本的产权特征与激励机制设计[J]. 商业时代,2005,29:26-27

[160] 哈罗德·德姆塞茨. 企业经济学[M]. 梁小民,译. 北京:中国社会科学出版社,1999.

[161] Murphy, Kevin J. Executive Compensation [DB/OL]. http://ssrn.com/abstract=163914, April 1998.

[162] 宋增基,夏铭. 行长薪酬、薪酬差距与银行绩效[J]. 财经研究,2011,37(10):135-144.

[163] 孙永祥. 公司治理结构:理论与实证研究[M]. 上海:上海人民出版社,2002.

[164] 张鑫. 股票期权激励机制思考[J]. 江苏商论,2003(7):61-62.

[165] Renée B Adams, Hamid Mehran, Board Structure. Banking Firm Performance and the Bank Holding Company Organizational Form, Working Paper[J]. Federal Reserve Board of New York,2003,July 10.

[166] Miller, Merton H, Myron S Schole. Excutive compensation, taxes, and incentives[R]//Willianm Sharpe and Catherine Cootner,eds. Financial Economics:Essays in Honor of Paul Cooter(Prentice Hall, Englewood Cliffs, NJ),1982:179-201.

[167] 苏东水. 产业经济学[M]. 北京:高等教育出版社,2000.

[168] 郭建伟. 中国商业银行业市场结构的实证研究[A]. 2002年中国金融国际研讨会会议论文集.

[169] 张杰. 制度、渐进转轨与中国金融改革[M]. 北京:中国金融出版社,2000.

[170] Demsetz H. The Structure of Ownership and the Theory of the Firm[J]. Journal of Law and Economics,1983(26):375-390.

[171] Hart O D. The market mechanism as an incentive scheme[J]. The Bell Journal of Economics,

1983,14(2):366-382.

[172] Hermalin B E. The effects of competition on executive behavior[J]. The RAND Journal of Economics,1992,23(3):350-365.

[173] Schmidt K M. Managerial incentives and product market competition[J]. The Review of Economic Studies,1997,64(2):191-213.

[174] Allen F,D Gale. Corporate Governance and Competition[A]//Xavier Vives (ed.). Corporate Governance,Cambridge:Cambridge University Press,2000.

[175] Leibenstein H. Allocative efficiency vs. "X-efficiency"[J]. The American Economic Review,1966,56(3):392-415.

[176] Manne H G. Mergers and the market for corporate control[J]. The Journal of Political Economy,1965,73(2):110-120.

[177] Anderson C W, Campbell II T L. Corporate governance of Japanese banks[J]. Journal of Corporate Finance,2004,10(3):327-354.

[178] Berger A N, Demsetz R S, Strahan P E. The consolidation of the financial services industry: causes, consequences, and implications for the future[J]. Journal of Banking & Finance,1999,23(2):135-194.

[179] Berger A N, DeYoung R, Genay H, et al. Globalization of financial institutions: evidence from cross-border banking performance[J]. Brookings-Wharton papers on financial services,2000,3:23-120.

[180] Gual J, Neven D J. Deregulation in the European Banking Industry[J]. European Economy,1993(3):151-183.

[181] 曾康霖,虞群娥.论银行家人力资本及其价值创造[J].上海金融,2004(10):4-7.

[182] Stigler G J. The theory of economic regulation [J]. The Bell journal of economics and management science,1971,2(1):3-21.

[183] 黄金老.论金融脆弱性[J].金融研究,2001(3):41-49.

[184] Rochet J C, Vives X. Coordination failures and the lender of last resort: was Bagehot right after all?[J]. Journal of the European Economic Association,2004,2(6):1116-1147.

[185] 张鑫,张宏.人力资本产权视角下的公司治理研究[J].生产力研究,2008(8):25-26,37.

[186] Gerschenkron A. Economic backwardness in historical perspective[J]. 1962:5-30.

[187] Kareken J H. Federal bank regulatory policy: a description and some observations[J]. Journal of Business,1986,59(1):3-48.

[188] 银监会关于中国银行业实施新监管标准的指导意见[DB/OL]. http://www.gov.cn/gzdt/2011-05/03/content_1857048.htm.

[189] Visentini G. Corporate governance: the case of banking [J]. PSL Quarterly Review,2014,50(200):163-179.

[190] Barth J R, Caprio G, Levine R. The regulation and supervision of banks around the world: a new database[R]. World Bank Publications,2001.

[191] Barth J R, Caprio Jr G, Levine R. Bank regulation and supervision: what works best?[J]. Journal of Financial intermediation,2004,13(2):205-248.

[192] La Porta R, Lopez-de-Silanes F, Shleifer A. Government ownership of banks[J]. The Journal of

Finance, 2002, 57(1): 265-301.

[193] Barth J R, Caprio Jr G, Levine R. Banking systems around the globe: Do regulation and ownership affect performance and stability? [A]//Frederic S. Mishkin. Prudential supervision: What works and what doesn't. Chicago: University of Chicago Press, 2001.

[194] Hubbard R G, Palia D. Executive pay and performance evidence from the US banking industry [J]. Journal of financial economics, 1995, 39(1): 105-130.

[195] Crawford A J, Ezzell J R, Miles J A. Bank CEO pay-performance relations and the effects of deregulation[J]. Journal of Business, 1995, 68(2): 231-256.

[196] John K, Saunders A, Senbet L W. A theory of bank regulation and management compensation [J]. Review of Financial Studies, 2000, 13(1): 95-125.

[197] 巴曙松. 巴塞尔新资本协议下中国银行业面临大挑战[N]. 财经时报, 2005-01-16.

[198] Bris A, Cantale S. Bank capital requirements and managerial self-interest[J]. The Quarterly Review of Economics and Finance, 2004, 44(1): 77-101.

[199] Rojas Suárez L. Safe and sound financial systems: what works for Latin America[A]// Conference Safe and Sound Financial Systems: What Works for Latin America. 1a. 1996. Washington, DC. 1996.

[200] Jensen M C. Agency costs of free cash flow, corporate finance, and takeovers[J]. The American economic review, 1986, 76(2): 323-329.

[201] Grossman S J, Hart O D. Corporate financial structure and managerial incentives[M]. The economics of information and uncertainty. Chicago: University of Chicago Press, 1982.

[202] 支晓强. 资本结构与管理层激励：一个理论综述[J]. 教学与研究, 2005(5): 74-78.

[203] 商业银行次级债券发行管理办法[EB/OL]. http://www.pbc.gov.cn/publish/jinrongshichangsi/284/1462/14626/14626_.html.

[204] 刘琼瑜. 次级债在中国现阶段的作用[J]. 金融与经济, 2004(11): 27-28.

[205] [美]罗纳德·哈里·科斯. 论生产的制度结构[M]. 盛洪, 陈郁, 译. 上海: 上海三联书店, 1994.

[206] 程承坪, 魏明侠. 企业家人力资本开发[M]. 北京: 经济管理出版社, 2002.

[207] 周仁俊, 喻天舒, 杨战兵. 公司治理、激励机制与业绩评价[J]. 会计研究, 2005(11): 26-31.

[208] 钱存端. 公司治理评价体系的探析[C]. 第三届公司治理国际研讨会论文集, 2005.

[209] 刘汉民, 郝英奇, 易余胤, 等. 基于复杂系统的公司治理[J]. 中国工业经济, 2006(2): 84-90.

[210] 邓莉, 张宗益. 公司治理复杂性分析[J]. 重庆工商大学学报(西部经济论坛), 2004(1): 82-84.

[211] 李维安. 中国公司治理指数设计及其应用研究[C]. 第二届公司治理国际会议论文集, 2003.11.

[212] 滨田道代, 吴志攀. 公司治理与资本市场监管——比较与借鉴[M]. 北京: 北京大学出版社, 2003.

[213] 钱存端. 公司治理评价体系的探析[DB/OL]. 第三届国际公司治理会议论文集. http://cg.org.cn/3th/papers.asp, 2001.

[214] 黄渝祥, 李军主持. 同济大学—上海证券(联合)课题组. 上证联合研究计划第四期课题报告: 我国上市公司股权制衡研究[DB/OL]. http://www.sse.com.cn/sseportal/ps/zhs/yjcb/szyj.shtml.

[215] 胡汝银, 司徒大年. 公司治理评级研究[DB/OL]. http://www.sse.com.cn/cs/zhs/xxfw/jysjs/sseResearch/2002-2/02201.pdf, 2001.

[216] 张国萍, 徐碧琳. 公司治理评价中经理层评价指标体系设置研究[J]. 南开管理评论, 2003(3): 21-22.

[217] 林志平. 中国上市公司治理评级体系研究[J]. 证券市场导报, 2004(6):53-59.

[218] 田昆儒, 唐跃军. 公司治理评价中募集资金管理与信息披露评价指标体系设置研究[J]. 南开管理评论, 2003(3):22-24.

[219] 南开大学公司治理研究中心课题组. 中国上市公司治理评价系统研究[J]. 南开管理评论, 2003(3):4-12.

[220] 蒲少平. 上市银行公司治理比较[DB/OL]. 第三届国际公司治理会议论文集. http://www.docin.com/p-187849488.html.

[221] 李红卫, 冯新炜. 商业银行公司治理评价指标设计研究[J]. 金融理论与实践, 2005(5):48-50.